125 Jahre Diercke Weltatlas

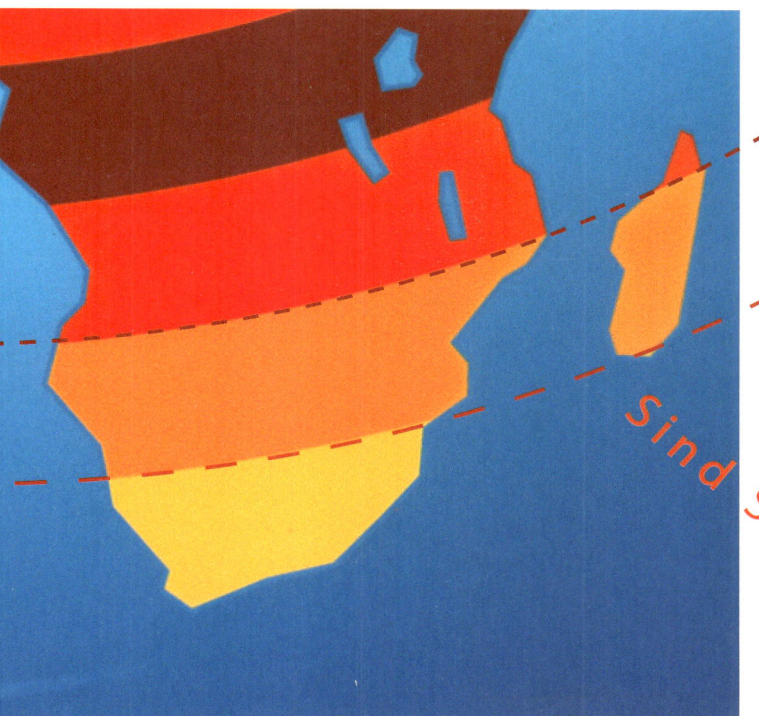

Sind Sie ein Diercke - Kenner?

Inhaltsverzeichnis

Auftakt ...

Vorwort — 4

41 Fragen ... 41 Antworten

Wie kommt der Diercke Weltatlas zu seinem Namen?	6
Warum erschien der Diercke gerade im Westermann Verlag?	8
Wer war Carl Diercke?	10
Wie kam die Farbe in die physische Karte?	12
Warum wirken Berge auf Karten plastisch?	16
Was ist ein »schönes« Kartenbild?	20
Was war neu am ersten Diercke Weltatlas?	22
Warum bekommt welcher Staat welche Farbe?	24
Vom Fernen zum Nahen – oder umgekehrt?	26
Generalisieren: Was ist das?	28
Was macht der Entwurfskartograph denn da?	32
Diercke-Karten im Wandel 1883-1932	34
Ist die Erdkugel eine Apfelsine?	40
Karten im Buchdruck: Wie funktionierte das früher?	42
Was machen Sie, damit der Atlas handlicher wird?	46
Können sich die Kartographen über die »digitale Revolution« freuen?	48
Welchen Weg nimmt der Diercke, bis er in der Schule landet?	50
Was hatte Kaiser Wilhelm II. mit dem Diercke Weltatlas zu tun?	54
Bedeutete die Weimarer Republik eine Zäsur für den Diercke?	56
Welche Spuren hinterließ das »Dritte Reich« im Diercke Weltatlas?	60
Gab es nach dem Zweiten Weltkrieg eine Zeit ohne den Diercke?	64
Diercke-Karten im Wandel 1957-2008	66
Welche Grenze markierte die »Perlenkette«?	72
Wie reagierte der Diercke auf die deutsche Wiedervereinigung?	76
Dschodpur oder Jodhpur: Wie schreibt man ausländische Ortsnamen?	78
Warum war der »braune« Diercke so beliebt?	80

Sind Sie ein Diercke – Kenner?

Entstand der »blaue« Diercke in Kiel?	**84**
Was hat ein Schmetterling auf dem Diercke zu suchen?	**88**
Der Diercke Weltatlas im Spiegel seiner Kartentypen	**90**
Wie kann der Kilimandscharo jede Diercke-Neubearbeitung überleben?	**96**
Warum ist Böen eine so windige Gegend?	**100**
Mein Verbesserungsvorschlag landet ohnehin im Papierkorb, oder!?	**102**
Wie schnell wachsen Berge?	**106**
Warum ist gerade mein Wohnort nicht im Diercke Weltatlas zu finden?	**108**
Werden sich jemals alle »weißen Flecken« auf der Weltkarte füllen lassen?	**110**
Findet der Klimawandel auch im Atlas statt?	**112**
Inwieweit verändert Wasser die Karten des Diercke Weltatlas?	**114**
Wer sind die »klugen Köpfe« außerhalb der Diercke-Redaktion?	**116**
Wie behandelt der Diercke Weltatlas »Zündstoff« und »heiße Eisen«?	**118**
Kann sich der Diercke Weltatlas in der Internet-Kartenflut behaupten?	**122**
Wieso hat der Diercke Weltatlas keinen Heimatteil?	**124**
Was gibt's Neues beim Diercke Weltatlas?	**126**
Was kann uns ein Weltatlas heute noch lehren?	**130**
Wie sieht der Diercke Weltatlas in 100 Jahren aus?	**134**

außerdem ...

Kleine Chronik des Diercke Weltatlas	**136**
Lebensstationen Carl Dierckes	**138**

last, but not least ...

Literatur und Bildnachweis	**139**
Impressum	**140**

Vorwort

Der Diercke – 125 Jahre alt und keinerlei Ermüdungserscheinungen! Im Gegenteil: je älter er wird, umso besser, umso gehaltvoller und vielseitiger präsentiert er sich, und dabei inhaltlich wie didaktisch stets auf dem neuesten Stand. Die Aktualität der Informationen wird begleitet von immer neuen und überzeugenden Attributen seines Erscheinungsbildes: schöne, gut lesbare, inhaltsreiche und aussagekräftige Karten – von Carl Diercke selbst 1883 als oberste Ziele moderner Atlasgestaltung gefordert.

Die mit den Stichworten »Globaler Umweltwandel« und »Globalisierung«, »Nachhaltigkeit«, »Vulnerabilität« oder »Neue Weltordnung« verbundenen Themenfelder, die in den letzten drei Dekaden in immer neuen Facetten die wissenschaftliche wie auch öffentliche Diskussion beherrscht haben: sie alle finden im Diercke ihren immer wieder auf den neuesten Wissensstand gebrachten Niederschlag.
Der Rückblick auf 125 Jahre Diercke Weltatlas und das Studium meiner eigenen kleinen Sammlung verschiedener Diercke-Atlanten ist wie der Gang durch die Geschichte nicht nur der Geographie und ihres sich wandelnden Selbstverständnisses, sondern auch eine Dokumentation der Entschleierung der Erde und ihrer zunehmenden Durchdringung durch den Menschen.

»Für die Kinder – also für die Schule –

Wie schon viele Generationen zuvor, so hat auch mich der Diercke Weltatlas mein Leben lang begleitet, von meinem Schülerdasein über die Studienzeit bis hin in die Gegenwart als Hochschullehrer der Geographie. Waren es nach dem Zweiten Weltkrieg – in einer Zeit akuten Mangels an Schulbüchern und anderen Lehrmaterialien – noch die Nachfahren des »grünen« Diercke, die meinen geographischen Schulalltag prägten, so brachte ab 1957 der ungleich modernere »braune« Diercke mit seinen farbschönen topografischen Karten und Übersichtsdarstellungen der natürlichen wie kulturellen Vielfalt unserer Erde die weite Welt nicht nur in Klassenräume und Studienseminare, sondern schürte auch das wachsende Fernweh großer Teile der bundesrepublikanischen Nachkriegsgesellschaft. 1974 dann erschien der in Format und Konzeption runderneuerte »blaue« Diercke, der bis heute mit seinen zahllosen Neuauflagen die Gewähr für den jeweils neuesten Zustandsbericht unseres Planeten Erde bietet. Dabei sind es neben den heute mehr denn je notwendigen topografischen Übersichtskarten von lokalen bis globalen Maßstabsebenen vor allem die vielen Zusatzinformationen in Form von Detailkarten, Diagrammen und Kartogrammen.

Es gibt wohl weltweit kein anderes Atlaswerk, das in gleicher Konsequenz und Beständigkeit die dramatischen Entwicklungen unseres Planeten unter dem Einfluss des Menschen und seiner zunehmenden Zerstörung im Anthropozän dokumentiert hat. Ich bin mir ganz sicher, dass auch der neue Diercke Weltatlas für alle, die sich auch künftig auf unserem Planeten Erde orientieren und über ihn umfassend und sachgerecht informieren wollen, ein unverzichtbarer Begleiter sein und bleiben wird.

Prof. Dr. Eckart Ehlers, Bonn
(U. a. ehemaliger Direktor des Geographischen Instituts der Universität Bonn und Generalsekretär der Internationalen Geographischen Union)

Dass ein Produkt seit 125 Jahren Schülerinnen und Schüler durch ihre Schulzeit und ihr weiteres Leben begleitet, ist in der deutschen Bildungslandschaft ein seltenes, auf dem Schulatlasmarkt wohl ein einmaliges Phänomen.

125 Jahre Diercke Weltatlas bedeuten für die Redaktion auch 125 Jahre direkte Kommunikation mit der Zielgruppe. Regelmäßig erreicht die Redaktion Post aus der Schule.

Mit dem 125-jährigen Bestehen bricht für den Diercke auch die digitale Zukunft an, steht doch dem gedruckten Atlas nun eine adäquate digitale Internetergänzung zur Seite. Aber nicht nur das: Was der Betrachter der neuen Karten nicht merkt (und auch nicht merken soll), ist die kartographische Revolution hinter den Kulissen.

Die physischen Karten sowie die Wirtschaftskarten mit der aktuellen Bodenbedeckung der Erde werden inzwischen aus einer Datenbank heraus produziert.

ist das Beste eben gut genug.« Carl Diercke 18??

So fragen beispielsweise Schüler nach, warum ihr Heimatdorf im Diercke fehlt oder Lehrer berichten uns über ihre Unterrichtserfahrungen mit dem Diercke Weltatlas. Wirtschaftsunternehmen interessieren sich für Daten von Karten oder die Medien wollen ausgewählte Karten für Präsentationszwecke nutzen. Zahlreiche Anfragen erreichen die Redaktion aber auch zum Diercke selbst und seiner Geschichte.

1883 erschien der erste von Carl Diercke herausgegebene Schulatlas und nach weit über 300 Auflagen ist es 2008 wieder einmal soweit: Zum Jubiläum erscheint die nächste topaktuelle Neubearbeitung dieses Klassikers. Der runde Geburtstag bietet nun Anlass, häufig gestellte Frage aufzugreifen und in einem festlichen Rahmen zu präsentieren. Dieses Buch soll auch als Dank an alle verstanden werden, die durch ihr Engagement zum Gelingen des Atlas beitragen oder beigetragen haben.

Exzellente Karten fallen nicht vom Himmel. So stecken im neuen Diercke über 2,5 Millionen Einzelinformationen, die ausgewählt, didaktisch aufbereitet und korrekt verortet sein wollen. Mehr als 200 Personen und Institutionen haben sich daran beteiligt.

In dieser zukunftsweisenden Technologie, die rohe Daten für das Auge grafisch ansprechend aufbereitet, stecken zehn Jahre intensiver Arbeit.

Die Diercke-Redaktion wünscht allen Leserinnen und Lesern dieser Festschrift viel Freude und natürlich auch bei der Arbeit mit dem neuen Diercke im Unterricht oder zu Hause. Diercke bleibt Diercke.

Die Diercke-Redaktion in Zusammenarbeit mit dem Westermann Unternehmensarchiv

Der Anfang: Markenbildung

»Westermann?
Sind Sie denn nicht der Diercke Verlag?«

Kaum eine Frage hätte beim Verleger und dem Schöpfer seines Atlas vor 125 Jahren mehr Überraschung und Freude auslösen können. Diercke ist zu einem Synonym für den Schulatlas schlechthin geworden, ist, was man in heutiger Zeit eine starke Marke nennt, mit der ihr Namensgeber verschmolzen ist.

Dabei gab der erste Titel von 1883 zu Verkürzung und Verwechslung keinerlei Anlass. Gewissenhaft, ja pedantisch, hielt er fest: »Schul-Atlas über alle Teile der Erde. Zum geographischen Unterricht in höheren Lehranstalten. Herausgegeben und bearbeitet von C. Diercke und E. Gaebler. Vierundfünfzig Haupt- und Hundertachtunddreissig Nebenkarten«. Deutlicher konnten Zweck, Inhalt, Umfang und Autoren nicht benannt werden. Das Vorwort wies Carl Diercke als Konzeptgeber und didaktischen Bearbeiter, Eduard Gaebler aus Leipzig als Kartenzeichner und Lithographen aus.

Was verschwiegen wurde...

Ungewöhnlich für die Zeit: Über Titel und Ämter der Autoren erfährt man nichts Genaues. Bewusst verzichtete man auf den damals üblichen Brauch, der sonst Absatz versprach. Carl Diercke war schließlich als »Königl. Seminardirektor« nur Ausbilder von Lehrern für das »niedere« Schulwesen und dieser Umstand hätte das junge Atlasunternehmen bei der standesbewussten Gymnasiallehrerschaft gleich in Misskredit gebracht.
So ist nur von »Direktor« Diercke die Rede. Bei dieser Regelung sollte es bleiben. Auch Dierckes Karrieresprung zum Regierungs- und Schulrat wurde verschwiegen.
Er wollte jede Spekulation der Lehrerkollegen vermeiden, er missbrauche das einflussreiche Amt, um sich zu bereichern. Beides traf in der Tat nicht zu. Weder konnte Diercke die Schuleinführung seines Atlas veranlassen, noch machte er aus seiner »Lieblingsarbeit« eine »melkende Kuh« – wie er es ausdrückte.
Für seinen Erstling erhielt er ein Pauschalhonorar von 1.380 Mark, am Absatz war er nie beteiligt.

Anzeige von 1902

Wie kommt der

Aus dem »Schul-Atlas« wurde der »Weltatlas«. Werbung 1950

Diercke mit Komma

Zwölf Jahre blieb es bei dem wortreichen Titel, von der rezensierenden Fachwelt auch knapp »Diercke-Gaebler« genannt.

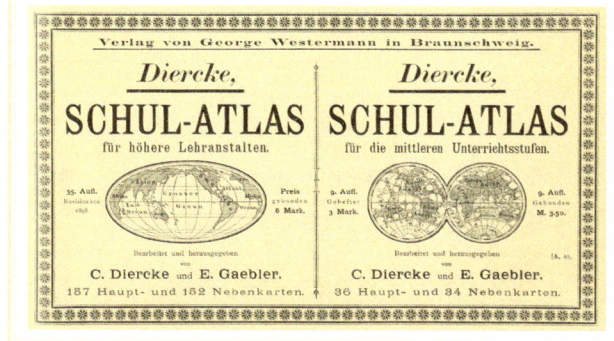

Neben dem »großen« Diercke gab es auch kleine Ausgaben. Anzeige von 1899

Diercke Weltatlas zu seinem Namen?

Dann tat Verleger Friedrich Westermann 1895 den ersten Schritt in Richtung »starke Marke«.
Der Name Diercke rückte an die prominente Stelle des nun verkürzten Titels:
»Diercke, Schul-Atlas für höhere Lehranstalten. Bearbeitet und herausgegeben von C. Diercke und E. Gaebler.«
Auf dem Komma bestand der Herr Regierungsrat, da Westermann das grammatisch korrekte »Dierckes Schulatlas« zu altmodisch erschien.
Der Titel wurde aus pragmatischen Gründen verkürzt, denn die erste weitreichende Bearbeitung des Atlas führte 1895 zu einem schmaleren Hochformat, das schlicht weniger Platz bot.
Westermann hatte aber auch zwei andere Aspekte im Sinn. Zum einen ging es ihm um eine »Ehrenbezeugung« für seinen ambitionierten Autor, zum anderen entstanden neue Karten von nun an in der eigenen kartographischen Anstalt in Braunschweig.
Der Anteil Eduard Gaeblers verringerte sich von Ausgabe zu Ausgabe, bis mit seinem Tod 1911 sein Name und seine Karten aus dem Werk verschwunden waren. »Diercke« beherrschte jetzt allein das Feld.

Diercke Weltatlas

1950 präsentierte der Verlag die erste Nachkriegsausgabe als »Diercke Weltatlas« und signalisierte damit:
Der Diercke ist der Atlas für Schule und Haus. Er hatte sich nicht nur an die Spitze der großen Schulatlanten gesetzt, sondern sich auch in zahllosen Familien eingebürgert.
Die Marke Diercke war entstanden.

...nun ist er glücklich... Werbung 1967

Der Anfang: Vorgeschichte

Die Antwort gibt...

... der Verleger George Westermann zunächst am besten selbst: »Nun, da wir also in unserer Kartenrichtung fortarbeiten müssen (...), so muß es fortan mit mehr Ratio geschehen als bisher, wo uns eigentlich niemals pädagogische Sachverständige beraten haben. Nun haben wir Diercke gefunden, der nicht bloß Sachverständiger sondern einflussreich ist. Wir müssen also nach allen Bedürfnissen der Schule fragen. Einmal mit dem Volksschul-Atlas obenauf, müssen wir denselben Weg mit allem gehen, was weiter der Schule dient. (...) Es gibt neue Gedanken und Ansichten, die von einem Schulmann wie Diercke nicht hoch genug anzuschlagen sind.«

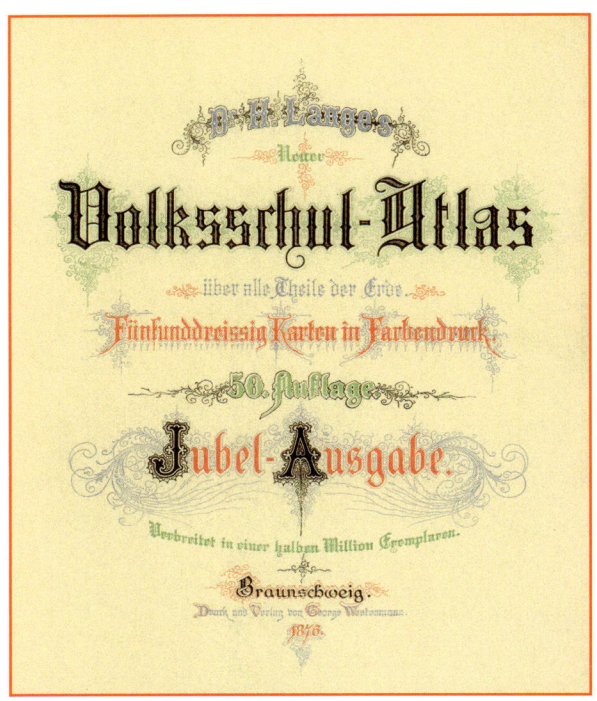

Bereits 1876 ein Bestseller. Bis zum Ersten Weltkrieg sollte der Atlas eine Gesamtauflage von über fünf Millionen Exemplaren erreichen.

Mit den Volksschulatlanten von Henry Lange und einem Kartenwerk für höhere Schulen, dem Liechtenstern-Lange von 1853, hatte er sich in einem Schulatlasmarkt durchsetzen können, auf dem um 1870 an die 50 Verlage vertreten waren.

Vorausschauend und mit diplomatischem Geschick: Verleger George Westermann

Mit diesen Worten instruierte der Seniorchef seinen Sohn Friedrich für das entscheidende erste Treffen mit Carl Diercke im Herbst 1875.
Dass Dierckes Urteil für die Empfehlung von Volksschulatlanten durch das preußische Kultusministerium eine gewichtige Rolle spielte, war kurz zuvor dem höchst interessierten Verleger zugetragen worden: Diercke hatte auch einen Atlas aus dem Haus Westermann begutachtet.
Bereits 30 Jahre vor der »Diercke-Zeit« hatte sich George Westermann (1810–1879) der Schulkartographie zugewandt.

Warum erschien der

Dr. h. c. Henry Lange (1821-1893), Kartograph und Schüler Carl Ritters, legte das Fundament für die Westermann-Kartographie.

Sorgenkind Landschule

Warum ließ sich Diercke, damals Seminardirektor in Stade, zur Mitarbeit überreden? Es war das Projekt eines kleinen Atlas für Landschulen, den Vater und Sohn Westermann neben dem Lange-Atlas für ausgebaute Volksschulen herausbringen wollten. Für die meisten Kinder der häufig einklassigen Dorfschule waren größere Atlanten unerschwinglich. Der Verlag bot nun das, was sich Diercke für seine »Sorgenkinder« wünschte: einen preiswerten, dabei aber gut gemachten Atlas. Die bereits früh auf den Farbendruck spezialisierte Druckerei von Westermann in Braunschweig und sein »geographisch-artistisches« Institut in Leipzig unter Leitung des Lithographen und Kartographen Eduard Gaebler garantierten die saubere Ausführung.

Ja, er hat sich nicht einmal »mit dem Schulmeister in eine Korrespondenz eingelassen«, sondern alles dem diplomatischen Geschick seines Verlegers überlassen. Grundlegend veränderte Kartenwerke waren mit Lange nicht zu verwirklichen, sodass Diercke auf eine weitere Mitarbeit zunächst verzichtete.

Freie Bahn

Im Mai 1879 fasste George Westermann den Entschluss, den Liechtenstern-Lange Atlas langsam auslaufen zu lassen. Er wollte allein mit Carl Diercke ein Nachfolgewerk für höhere Schulen beginnen um »damit neue Bahnen zu betreten«. Dieses Mal stimmten alle Voraussetzungen. Der risikobereite Verleger eröffnete ihm die Chance, sein fundiertes Atlaskonzept ohne Abstriche umzusetzen. Die Zusammenarbeit sollte bis zu Dierckes Tod im Jahre 1913 andauern.

Eine Medaille für ausgezeichnete Druckqualität ging an Westermann. Congrés international des Sciences Geographiques. Paris 1875

Diercke gerade im Westermann Verlag?

Ein von Gaebler entwickeltes Verfahren für die Herstellung im günstigen Buchdruck machte darüber hinaus einen geringen Preis möglich.
Die Federführung bei diesem Werk überließ George Westermann seinem renommierten und deshalb sehr selbstbewussten Atlasbearbeiter Dr. h. c. Henry Lange. Der Kartograph, »der sich« – so Westermann »verschiedene Zöpfe hat wachsen lassen«, griff Dierckes fortschrittliche Ideen nur dann auf, wenn sie seinen Vorstellungen entsprachen.

Alles hat seinen Preis – auch das Gravieren von Druckplatten. Die Liste hält die Selbstkosten und die Preise für die Kunden des Instituts fest.

Der Anfang: Begründer

Schwieriger Start

Kaum zu glauben, aber die Mutter Carl Dierckes lehnte eine akademische Laufbahn für ihren begabten Sohn ab. Nicht aus vielleicht naheliegenden finanziellen Gründen, sondern aus Angst, die höhere Bildung könnte ihn der Familie entfremden. Der junge Diercke hatte jedoch seinen eigenen Kopf.

Nachdem ihm das Abitur und das erhoffte Studium der Naturwissenschaften verwehrt waren, fand Diercke eine Alternative in der Ausbildung zum Volks- und Mittelschullehrer. Zahlreiche Zusatzprüfungen und die in der Freizeit vertieften Kenntnisse in den Naturwissenschaften qualifizierten ihn bald für die höhere Seminarlehrerlaufbahn. Nicht nur das: Das Kultusministerium in Berlin arbeitete

Die Kinderschar der Dierckes um 1885. Das Nesthäkchen fehlt noch.

Wer war Carl Diercke?

Carl Diercke und seine Frau Ottilie mit ihrem Erstgeborenen (um 1873)

an einer Reform des Volks- und Seminarschulwesens und wurde auf den jungen Mann aufmerksam.

Sein »nicht gewöhnlicher Grad der Tüchtigkeit namentlich in den naturkundlichen Fächern« machte ihn zu einem gefragten Mitarbeiter, da die »Realien« – Geographie und Naturwissenschaften – ein größeres Gewicht erhalten sollten.

Erst 32 Jahre alt, sorgte Diercke als Seminardirektor, später sogar als Regierungs- und Schulrat dafür, die Reform in der Lehrerausbildung und den Schulen vor Ort umzusetzen – ein ungewöhnlicher Karrieresprung in ein von akademisch gebildeten Philologen und Theologen dominiertes Schulamt.

»Nicht vom Thron der Gelehrsamkeit herab«

Diercke krempelte nun seine Ärmel nicht nur sprichwörtlich auf. Er kümmerte sich um den Um- und Neubau der Seminargebäude, legte mit seinen Zöglingen auch selbst Hand an, verfasste Lehrpläne, baute Musterschulen auf, organisierte Fortbildungen und erteilte Unterricht. Dabei waren Auswendiglernen und simples Ablesen nicht seine Sache.

An erster Stelle stand es für ihn, Dinge zu veranschaulichen und nicht zu, sondern mit den Schülern zu sprechen. Auch »vom Thron der Gelehrsamkeit herabzureden«, war Diercke fremd, wenn es darum ging, neue Methoden altgedienten Landschullehrern nahe zu bringen. Für die Erziehung der ihm anvertrauten 17–20-jährigen Seminaristen fühlte er sich ebenfalls verantwortlich.
Ein »Disziplinarfall« lässt erahnen, wie er das anging: Ein Junge wurde ertappt, als er auf der Schulorgel »Der Mai ist gekommen« anstimmte. Vor den Direktor zitiert, äußerte er, er habe einen Choral gespielt. Das Ende vom Lied: acht Tage Hausarrest – nicht wegen des Regelverstoßes, sondern weil er gelogen hatte. Zudem war Diercke achtfacher Familienvater und ließ sich von seiner Frau als »Lazarethgehülfe« in die Pflicht nehmen, wenn alle Kinder das Bett hüten mussten.

Lieblingsfach Geographie

Neben all dem fand Diercke noch Zeit, sich intensiv seinem Lieblingsfach Geographie zu widmen. Immer wieder war er als ministerieller Gutachter tätig, bearbeitete Erdkundeschulbücher, warb in Vorträgen und Aufsätzen und als Vereinsgründer. Er hatte es sich zum Ziel gesetzt, die Geographie populärer zu machen und an den Schulen ihr Niveau zu heben. Den größten Dienst hat er dem Fach aber wohl mit seinem innovativen Schulatlas erwiesen, den er oftmals in Abend- und Nachtarbeit auf den Weg brachte.
Dierckes Arbeitsleistung und Sachverstand beeindruckten den Verleger dermaßen, dass er ihn schließlich mit der Bearbeitung sämtlicher Westermann-Schulkarten betraute. An das Unternehmen binden ließ sich Diercke aber nicht. Er blieb freier Mitarbeiter, der kein Blatt vor den Mund nahm, wenn nicht nach seinem Grundsatz gearbeitet wurde: »Für die Kinder – also für die Schule – ist das Beste eben gut genug.«

Als Dierckes Versetzung nach Osnabrück anstand, dichteten seine Schüler...

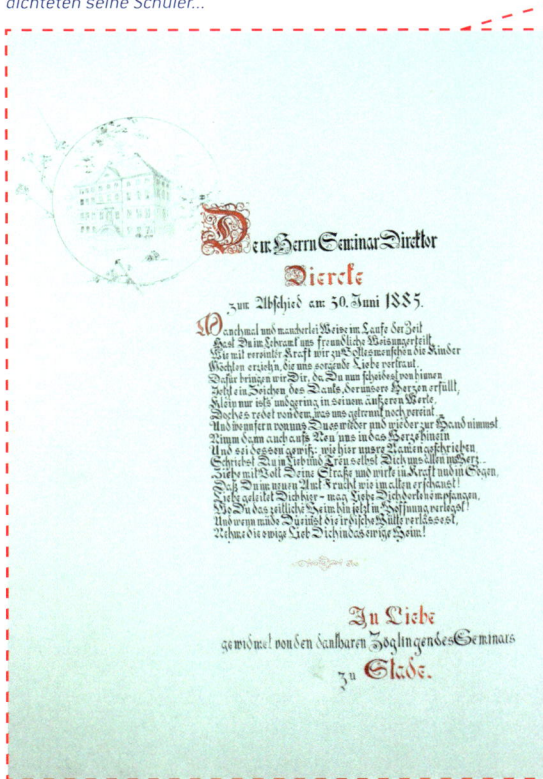

Dem Herrn Seminar Direcktor

Diercke
zum Abschied am 30. Juni 1885

*Manchmal und mancherlei Weise im Laufe der Zeit
Hast Du im Lehramt uns freundliche Weisung erteilt.
Wie mit vereinter Kraft wir zu Gottesmenschen die Kinder
Möchten erzieh'n, die uns sorgende Liebe vertraut.
Dafür bringen wir Dir, da Du nun scheidest von hinnen,
Jetzt ein Zeichen des Dankes, der unsere Herzen erfüllt;
Klein nur ist's und gering in seinem äußeren Werte,
Doch es redet von dem, was uns getrennt noch vereint.
Und wenn fern von uns Du es wieder und wieder zur Hand nimmst,
Nimm dann auch auf's Neu' uns in das Herze hinein
Und sei dessen gewiß: wie hier unsre Namen geschrieben,
Schriebst Du in Lieb und Treu selbst Dich uns allen ins Herz.-
Ziehe mit Gott Deine Straße und wirke in Kraft und in Segen
Daß Du im neuen Amt Frucht wie im alten erschaust!
Liebe geleitet Dich hier – mag Liebe Dich dorten empfangen,
Wo Du das zeitliche Heim hin jetzt in Hoffnung verlegst!
Und wenn müde Du einst die irdische Hütte verlässest,
Nehme die ewige Lieb Dich in das ewige Heim!*

In Liebe
gewidmet von den dankbaren Zöglingen des Seminars
zu *Stade*.

Kartographie: Regionalfarben

Ungewohntes Bild

Tiefland ist grün, Flüsse sind blau und Berge braun. Diese Formel gehört heutzutage zum kleinen Einmaleins des Verständnisses physischer Karten. Vor 130 Jahren jedoch konnte sich ein Schulkartograph für ganz andere Farben entscheiden, ohne Lehrer und Schüler vor den Kopf zu stoßen:

Die Tieflandstufe erhielt alle möglichen Grüntöne – von Hell- bis Sumpfgrün reichte das Farbspiel – auch Ockergelb war beliebt.
Man kam sogar ohne Farbe aus, wenn eine schwarz-weiß schraffierte Fläche eingesetzt wurde. Das Hochland blieb in der Regel weiß, wies aber auch eine anders angelegte Schraffur in der Tieflandfarbe oder in Schwarz auf.
Um Bodenerhebungen zu kennzeichnen, nutzte man in Braun oder Schwarz gedruckte, mal kräftig, mal fein ausgeführte Schraffen. Das Flussnetz erschien in Blau oder Schwarz.

Wie kam die Farbe in die physische Karte?

Größere Gewässer waren, soweit auf Blau verzichtet wurde, mit schwarzen Linien ausgefüllt.
Rote Stadtsignaturen hatten überhaupt noch Seltenheitswert. Um die Verwirrung vollständig zu machen: Ein und derselbe Schulatlas konnte auf einer Karte grünes, auf einer anderen schraffiertes Tiefland zeigen.

Das Tiefland ist ockergelb, das Hochland weiß in Freiherr von Liechtensterns und Henry Langes »Neuestem Schulatlas« von 1853.

Emil von Sydow zeigt 1866 das Tiefland in Grün und das Flach- und Hügelland in unterschiedlich enger Schraffierung und gleichzeitig...

Im Schatten der Staatenkunde

Die Schule verlangte eben nur einfache Karten, die die Höhenverhältnisse und die Gewässer hervorhoben. Beileibe nicht für jede Weltgegend erwartete man eine eigene physische Darstellung.
Im Zentrum des Geographieunterrichts standen die Staatenkunde und die ihr zugrundeliegenden politisch-topografischen Karten mit ihren farbigen Grenzbändern oder bunten Flächen und den zahlreichen Ortsnamen. Ihnen wurden auch Elemente der physischen Karte beigefügt – was meistens zu Ungunsten der letzteren ausging.

Erstmals Regionalfarben

Dabei hatte es für die physische Geographie und ihre Karte schon einmal besser ausgesehen.
Um ihre Begründer Alexander von Humboldt (1769–1859) und Carl Ritter (1779–1859) hatte sich ein Kreis engagierter Kartographen und Lehrer gebildet, die die neue Lehre von der natürlichen Beschaffenheit der Erdoberfläche in die Schulen trugen und Pionierarbeit bei ihrer kartographischen Umsetzung leisteten.
Dazu zählten Theodor Freiherr von Liechtenstern (1799–1848) und Emil von Sydow (1812–1873).
Die beiden Lehrer an preußischen Militärschulen können als die ersten Methodiker der modernen Schulkartographie angesehen werden. Sie brachten die Farbe in die physische Karte.
Soweit feststellbar, tat der Freiherr den ersten Schritt. Er nahm 1833 »physische Karten«, also Karten ohne politische Grenzdarstellung als gleichwertige Atlasbestandteile auf und versah sie mit braunen Bergschraffen, um die vertikale Dimension deutlicher zu machen.

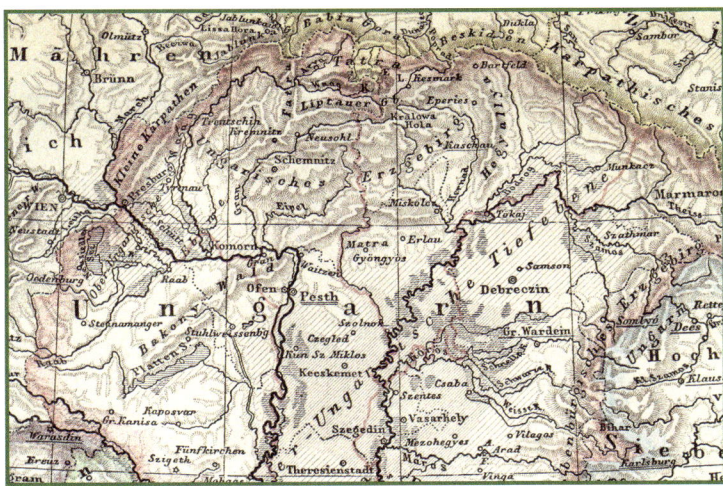

... ist in dem selben Atlas auf der politisch-topografischen Karte der Karpathenländer das weiße Tiefland grau schraffiert.

→ → → Wie kam die Farbe in die physische Karte

Die größeren Gewässer und den Meeressaum ließ er blau kolorieren, was die Landmasse stärker betonte. Auf einer Karte setzte er 1836 erstmals zwei Brauntöne für Hochland und Gebirge ein.
Die Ära der Regionalfarben war damit angebrochen.
Das Tiefland blieb weiß, sodass für Liechtenstern schon galt »Je dunkler, desto höher«.
Um 1844/46 veröffentlichte der Freiherr dann Atlaskarten mit einem grün-beigen Flächenkolorit.
Dagegen zeigte der nach von Liechtensterns Tod bei Westermann erschienene Atlas von 1853 die erste Höhenstufe in Ockergelb. Der Verleger hatte auf das Tieflandgrün verzichtet. Der Grund: »Bei Abendlicht trennt sich Blau (des Meeres) und Grün gar nicht und der Eindruck geht ganz verlohren.«
Emil von Sydow ließ sich von Liechtensterns farbigen Karten anregen und konzentrierte sich ab den 1840er-Jahren in seiner Atlasarbeit auf die Farben Grün und Braun.

Nur ein Anhängsel

Allen Reformbemühungen zum Trotz blieb die »neue« Geographie ein Anhängsel der Staatenkunde. Nur die kostspieligen großen Handatlanten leisteten sich daher den Luxus des lithographischen Mehrfarbendrucks und der aufwändigen Handkolaratur, um damit einzelnen Karten mehr als eine Regionalfarbe zu geben. Bei den Schulatlanten war das selten der Fall. Da machten der Atlas von Sydows und der bei Westermann erschienene Liechtenstern-Atlas von 1853 keine Ausnahme, auch wenn sie zu den besten ihrer Zeit gehörten.

Theodor Freiherr von Liechtensterns erster Versuch mit Regionalfarben auf der Karte »Europa: Horizontale Dimension« von 1836.

Am Anfang stehen 1833 braune Bergschraffen, blauer Meeressaum und blaue Hauptflüsse in von Liechtensterns »Atlas zur Erd- und Staatenkunde«.

Der Durchbruch

Erst die großen Schulatlanten der 1880er-Jahre, allesamt Neuschöpfungen mit dem Diercke an ihrer Spitze, bieten dem heutigen Betrachter ein vertrauteres Bild. Später hielt die Spektralfarbenskala von Grün über Gelb zu Braun Einzug. Außerdem wurde anstelle der zu symbol- und zu wenig bildhaften Schraffentechnik die Gebirgsschummerung eingeführt. Beide Neuerungen führten zu einer weiteren Annäherung an die physische Karte, wie sie heute bekannt ist.

Topografische Basiskarte

Nicht nur die Form, sondern auch die Funktion der physischen Karte hat sich gewandelt. Am Anfang war sie eine fast reine Berg- und Flusskarte mit wenig Schrift und nur geringen Informationen etwa zu Orten oder Verkehrslinien.

Der Diercke von 1883 vereinigte alle Farbelemente.

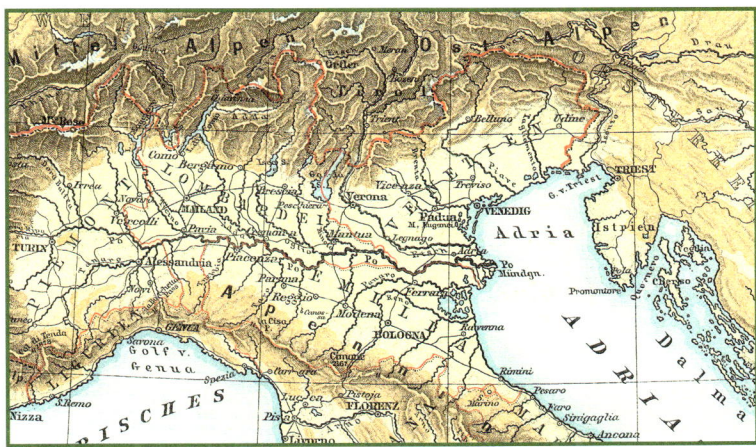

Weitgehend entlastet vom Lernstoff der Staatenkunde sollte sie so den Schülern die natürlichen Gegebenheiten vor Augen führen. Nach und nach kam es zu einer Verschmelzung mit den »politischen« Karteninhalten; sie nahm Verkehrsnetz, Ortssignaturen und Grenzen auf.
Heute ist die physische Karte im Gegensatz zu früher zur Basiskarte für das topografische Grundwissen geworden. Der Diercke Weltatlas hat bei dieser Entwicklung eine eigene Linie verfolgt, denn eines seiner Markenzeichen war und ist die physische Karte. Oberster Leitsatz der Gestaltung ist ihre Lesbarkeit und Verständlichkeit.
Solange es zweifelhaft schien, ob die Schüler die komplexere physisch-politische Darstellung begriffen, gab man im Einzelfall dem Atlas lieber eine politische Karte mehr und verzichtete in der physischen Karte auf zu viel Inhalt.
Nachdem Anfang der 1970er-Jahre der Siegeszug der thematischen Kartographie begonnen hatte und die physische Karte zur Diskussion stand, demonstrierte der Diercke ihre Bedeutung für die Orientierung der Schüler auf der Welt. Das gilt bis heute.

Kartographie: Reliefdarstellung

Viele Menschen nutzen den Diercke Weltatlas auch noch nach ihrer Schulzeit, weil ein Atlas für die Schule stärker als andere ein sehr eingängiges Bild von der Erdoberfläche zu zeichnen vermag.
Dazu trägt die prägnante Reliefdarstellung bei, an deren Weiterentwicklung seit dem 19. Jahrhundert auch im Westermann Verlag kontinuierlich gearbeitet wird.

Ausgestorben: Der Bergstecher

Die ersten Generationen der Diercke Weltatlanten brachten die Geländedarstellung durch Böschungsschraffen zur Perfektion. Bei dieser Technik lassen eng gescharte, kurze Fallstriche in Richtung des größten Gefälles Erhebungen plastisch erscheinen.

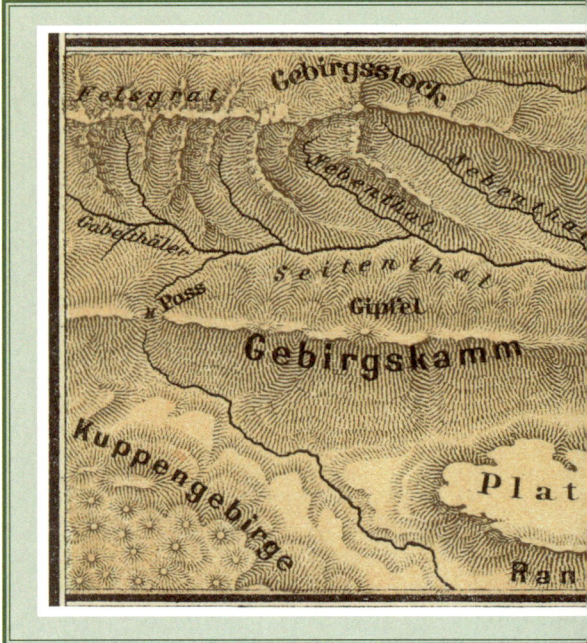

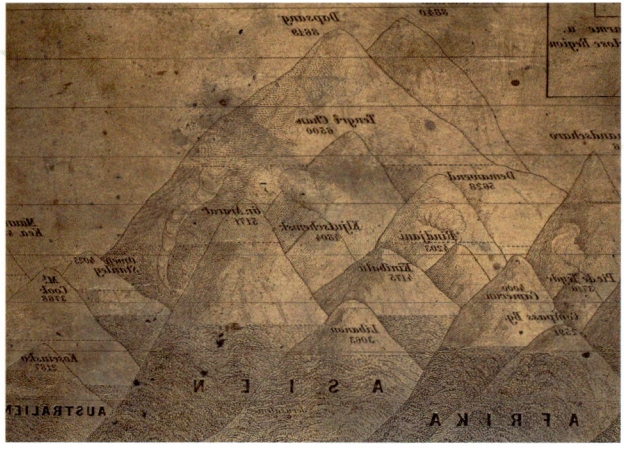

Die Bergstecher waren Spezialisten. Präzision im Handwerk zeichnete sie aus. Schrift und Berge wurden in Kupfer graviert...

... oder auf Stein gezeichnet.

Ausführen konnten die Karten nur Kartographen mit großem Fachwissen, denn die Schraffen mussten von spezialisierten Bergstechern spiegelverkehrt in Kupferplatten graviert oder auf Stein gezeichnet werden.
In großen und mittleren Maßstäben besitzt die Schraffendarstellung eine hohe Aussagekraft über die reale Berggestalt und messbare Hangneigung. Demgegenüber werden bei kleinmaßstäblichen Übersichten Schraffen eingesetzt, um die Großformen der Gebirge herauszupräparieren.

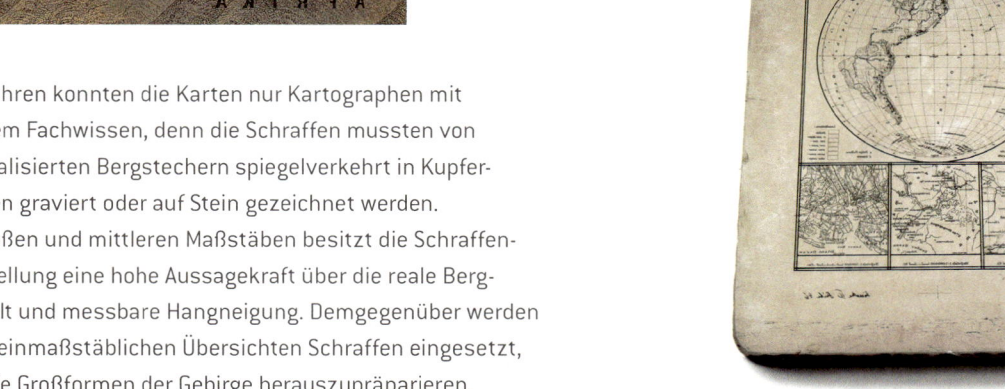

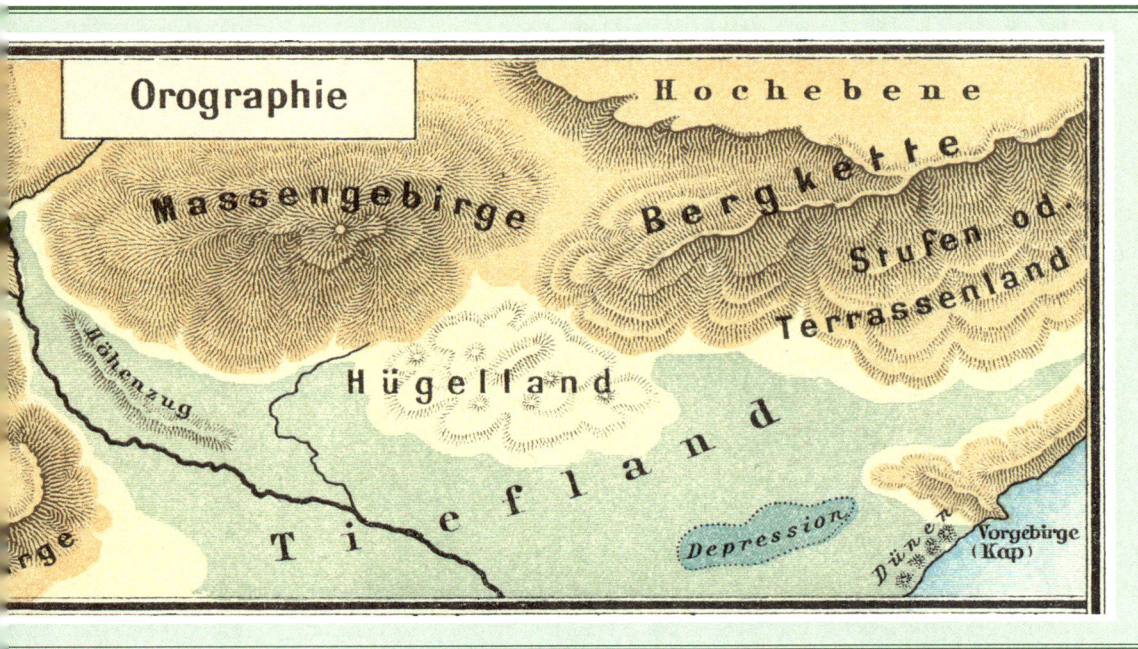

*Vergrößerung aus der ersten Diercke-Karteneinführung:
Die Böschungsschraffe machte Ausdehnung, Form und Steilheit
von Bodenerhebungen deutlich.*

Berge auf Karten plastisch?

Licht und Schatten

Ab den 1950er-Jahren setzte sich – parallel zur weiteren Entwicklung in der Kartographie und Drucktechnik – immer mehr die Schattenschummerung durch. Die Westermann-Kartographie war bei der Entwicklung dieser Alternative für eine didaktisierte Gebirgsdarstellung national und international wegweisend.
Die Schummerung macht Hänge und Gebirgsflanken durch unterschiedlich dunkle Schattentöne deutlich. Schraffen werden immer als Volltöne gedruckt, für die Schummerung werden gerasterte Halbtöne verwendet.
Die Karten dunkeln sich also innerhalb von Gebirgen nicht mehr so stark ab wie zuvor. Diese Neuerung war dem Offsetdruck zu verdanken, durch dessen Druckraster Halbtondarstellungen in der nötigen Differenziertheit überhaupt erst möglich wurden.

Wie bei den Schraffen kann der Gestalter einer Schattenschummerung zwischen einer fiktiven Senkrechtbeleuchtung und einer scheinbaren Schräglichtbeleuchtung wählen. Auch eine Kombination beider »Lichtquellen« ist oft sinnvoll. Bei allen geschummerten Karten im Diercke Weltatlas wird eine Beleuchtung von links oben angenommen. Lokal weicht diese Richtung manchmal leicht ab. So können auch Gebirgszüge mit einer Längserstreckung von Nordwest nach Südost gut dargestellt werden.

→ → → Warum wirken Berge auf Karten plastisch?

Unentbehrlich:
Der Schummerungsspezialist

Selbst im heutigen digitalen Zeitalter werden die Schummerungen für neue Atlaskarten zum Teil noch mit Bleistiften, Kohlestiften und Retuschierwerkzeugen erstellt. Für diese künstlerische Arbeit sind viel Erfahrung, geographisches Verständnis und Wissen nötig.
Als Vorlagen dienen dem Schummerungsspezialisten meistens Höhenliniendarstellungen und das Gewässernetz. Bei seiner Originalzeichnung berücksichtigt der Experte gleich den Endmaßstab der Karte. Er glättet ausgewählte Gebirgsflanken, betont markante Höhenzüge und arbeitet den geomorphologischen Charakter von Gebirgen heraus: Handelt es sich um Vulkane? Wo sollen geologische Faltungs- und Bruchstrukturen erkennbar sein?
Schummerungen können auch vollautomatisch aus digitalen Geländemodellen abgeleitet werden.
Für den Diercke Weltatlas kommt das jedoch nicht in Frage, da zu viele Generalisierungsfragen nur unbefriedigend beantwortet werden können: Entweder sind die Modelle viel zu detailliert, sodass ein sehr unruhiges und zusammenhangloses Terrain entsteht. Oder automatisierte Generalisierungen erzeugen eine verwaschen wirkende Oberfläche, bei der markante Gegebenheiten des Reliefs nicht mehr zu erkennen sind.

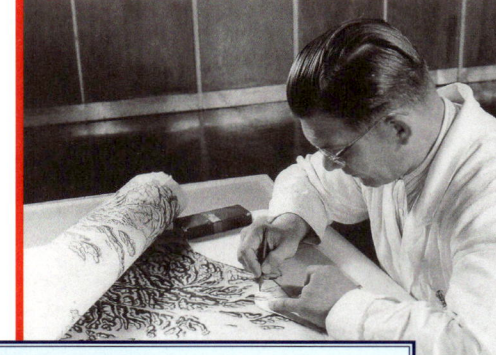

Am Beispiel eines Canyons lässt sich erkennen, wie konzentriert und genau der Schummerungsspezialist bei seiner Arbeit vorgehen muss.

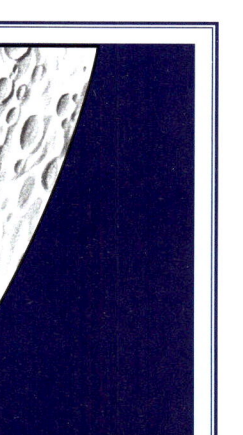

Westermann-Schummerungsoriginal der Mondvorderseite (Kohlestift, verkleinert)

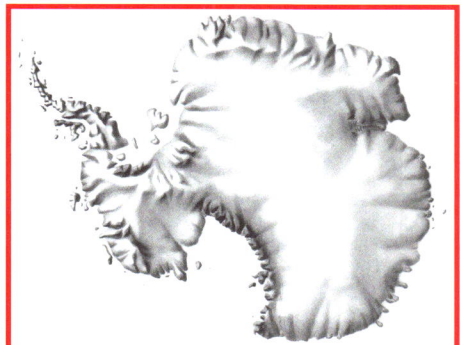

Bei der Antarktis werden Teile der Schummerung später in Blau wiedergegeben.

Die Folien werden aufgerastert, um sämtliche Farbmischungen sauber wiedergeben zu können. Die Punkte dieser Druckraster sind mit bloßem Auge nicht zu erkennen. Bei der Schummerung, die seit vielen Jahren schwarz in die Karten gedruckt wird, treten die einzelnen Rasterpunkte steiler Schattenhänge unter einer starken Lupe bereits leicht in Erscheinung. Kaum einen Kartenleser hat das je irritiert, dennoch geht auch hier die Entwicklung der Verlagskartographie einen Schritt voran.

Noch weichere Schattenverläufe

Damit der unterbewusst ausgelöste Effekt einer »angerauten Kartenoberfläche« an diesen Gebirgsflanken vollends vermieden wird, bedient man sich bei der neuesten Atlasgeneration frequenzmodulierter Raster. Bei dieser Technik sind die einzelnen Rasterpunkte deutlich kleiner als früher. Außerdem sind sie unregelmäßiger gestreut, sodass sich Raster nicht mehr überlagern und keine ungewollten Strukturmuster entstehen können. Farb- und Schattenverläufe wirken insgesamt weicher.
Der Schummerung tut das gut. Sie kann im Gebirge dezenter eingesetzt werden und bleibt dennoch deutlich wahrnehmbar. Sie muss nicht einmal mehr unbedingt schwarz sein, sondern kann – sofern eine leichte, durchscheinendere Wirkung angebracht ist – auch in anderen Tönen angelegt werden.
In physischen Karten unterstützt die Schummerung anschaulich und unterschwellig die Reliefdarstellung durch farbige Höhenschichten, deren Idee es ist, Höhenlagen und Gefälle ablesbar zu machen und aussagekräftige Profilschnitte zu ermöglichen. In Kombination mit den nüchternen Höhenschichten, aber auch ganz für sich alleine, steht der Schattenschummerung wahrscheinlich noch eine große Zukunft bevor. Maßstabsgerecht entworfen ist sie anderen Ausdrucksmitteln für das Relief der Erde nach wie vor überlegen.

Digitale Werkzeuge

Dennoch ist der Computer heutzutage im Spiel. Manche Schummerungen entstehen bereits komplett mit digitalen Werkzeugen, welche die Airbrush-Technik simulieren. Die noch auf PVC-Folie gezeichneten Terrains werden gescannt, gegebenenfalls entzerrt und mit Bildverarbeitungsprogrammen weiter bearbeitet. So soll die Zeichnung möglichst harmonisch mit den übrigen Karteninhalten verschmelzen. Neben der Feinabstimmung der Kartenebenen haben die Kartographen dabei vor allem die neu erzeugten Farb- und Helligkeitswirkungen im Blick, also die Kartenlesbarkeit.

Folien und Rasterpunkte

In den Schulatlaskarten werden die Halbtöne der Schummerungen mit verschiedenen kräftigen Flächenfarben kombiniert. Das führt zu vielen sehr fein abgestuften Farbwerten. Für den Offsetdruck, der mit nur vier Druckfarben auskommt, werden alle Kartenebenen nach Farbanteilen separiert. Dabei entstehen vier Farbfolien, die als Grundlagen für die späteren Druckplatten dienen.

Kartographie: Ästhetik

Über die Bewertung »schön« ließ sich schon immer hervorragend streiten. Carl Dierckes Meinung zum Thema war deutlich: »Eine Karte muß auf den ersten Blick gefallen und nicht erst, wenn man sich längere Zeit daran gewöhnt hat.« Zu seiner Zeit, die noch keine komplexen Karten kannte, war diese Aufgabe vergleichsweise einfach zu lösen. Für den »ersten Blick« brauchte es zunächst Sauberkeit in Schrift und Stich, feine Grenzbänder und abgestimmte Schriftgrößen bei zarter, transparenter Farbanlage.

Der Schönheit geopfert

Die Karten durften keinesfalls »nüchtern« oder gar »eintönig« sein. Ganz physischer Geograph verband Diercke eine schöne Karte mit einem lebendigen, prägnanten Bodenrelief und starker Plastizität, denn beide »verleihen der Karte in erster Linie Ausdruck und Schönheit«.

Die einfachen thematischen oder die rein politischen Darstellungen hatten allenfalls klar oder »reizend« zu sein. Einige Karten wie die der Ozeane erhielten daher einzig aus »Schönheitsrücksicht« einen physischen und keinen politischen Charakter. Ihr opferte Diercke sogar die zunächst geplante Aufnahme der Meerestiefen. Die Landmassen und Inseln wurden bis 1894 allein der optischen Wirkung wegen mit einem dunkelblauen Meeressaum umgeben.

Hundertwasser
742 FAGANS FARM, 1975

»*Für das Land habe ich die physische Darstellung gewählt. Hauptsächlich sind es Schönheitsrücksichten. Ich habe in allen Atlanten die Meereskarten angesehen und gefunden, daß diejenigen, in denen das Land politische Kolorierung bekommt, unschön und wenig praktisch sind.*«

Carl Diercke über die Karte
des Atlantischen Ozeans an seinen Verleger 1893

Bei der Abbildung der Erdoberfläche von oben brauchen die Kartographen nicht gerade Friedensreich Hundertwasser nachzueifern - aber schön soll es sein!

es damals wie heute leichter, sich in die Karte zu vertiefen. Formen und Farben spielen dabei nach wie vor eine zentrale Rolle. Anders als zu Zeiten von Carl Diercke erlauben feinere Druckraster unzählige Halbtöne, ansprechende Farbverläufe und erstaunliche Transparenzeffekte. Was davon in die Kartengestaltung einfließt, wird auch in Zukunft diskutiert werden. Wozu dienen modernste Effekte, wenn der Nutzer die Inhalte nicht leichter erfassen kann?

Die Klarheit einer Karte, die Unterscheidbarkeit ihrer Inhaltsebenen, ist ein weiteres Schlüsselkriterium. Die farbliche Gestaltung kann auf eine angenehme Tiefenwirkung abheben, die gezielt Ebenen hervortreten lässt. Eine gekonnte Geländedarstellung, unterschiedliche Strich- bzw. Konturenstärken haben denselben Effekt.

Was ist ein »schönes« Kartenbild?

Carl Diercke ärgert sich

Besonders heikel war Diercke in Fragen der Farbharmonie. Die erste Tieflandstufe blieb in seinem Atlas lange Zeit grau-grün. Über 20 Farbversuche für die erste Ausgabe und zahlreiche weitere konnten ihn nicht von einem satteren Ton überzeugen. Ein in seinen Augen überbetontes Grün hätte den sanften Farbübergang zu den nächsten Höhenstufen gestört. Erst sein Sohn Paul, Kartograph bei Westermann, setzte 1911 zum Ärger des Vaters das den Lehrern »sympathischere« Wiesengrün durch.

Neue Effekte

Heute gilt eine Karte dann als gelungen, wenn der Nutzer die komplexer gewordenen Rauminformationen schnell erfassen kann. Ihre Attraktivität oder »Schönheit« macht

Schön in den Augen der Diercke-Kartographen: die Karte Hawaii von 2008 (Verkleinerung)

Die Qual der Wahl

Der Wandel der Techniken und Sehgewohnheiten lassen die Westermann-Kartographen ständig an den Feinheiten eines schönen Kartenbildes feilen. Dank des Computers werden vor dem Neuerscheinen einer Karte häufig mehrere Varianten angefertigt, die auch ästhetisch miteinander verglichen werden. Dabei fließen die Urteile hausinterner und externer Experten ein, darunter mittlerweile selbstverständlich die von Schülerinnen und Schülern.

Meilenstein: Diercke 1883

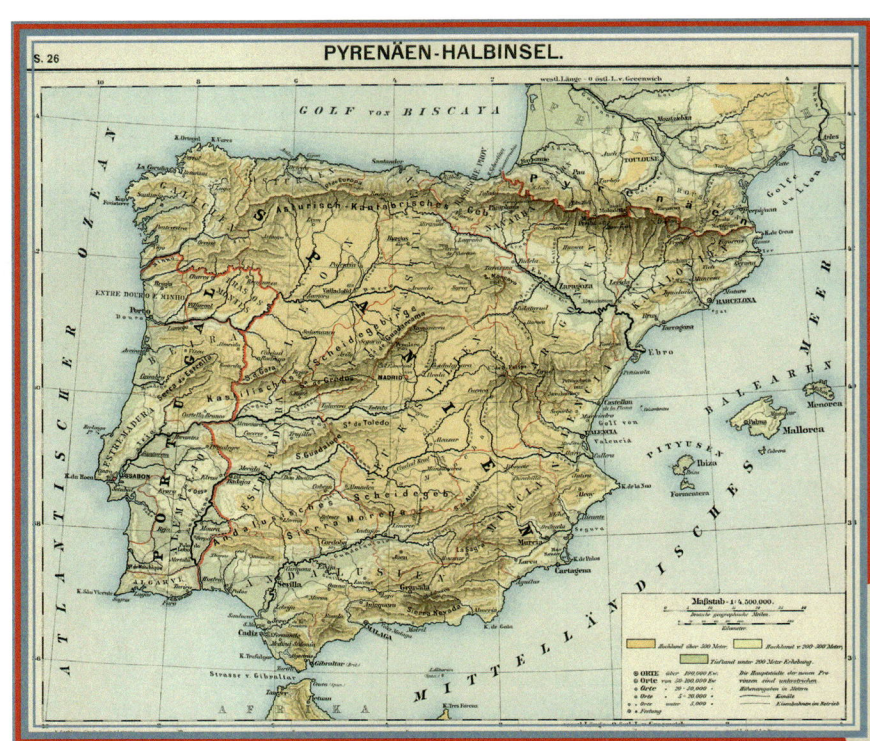

Der Diercke Weltatlas von 1883 war der erste große Schulatlas Deutschlands, der Ernst machte mit den Forderungen der Geographiedidaktik und den kartographisch-technischen Möglichkeiten seiner Zeit. Was der Atlas an Einzelheiten verwirklichte, war im eigentlichen Sinne nicht neu. Aber ihre Summe und die konsequente, an dem schulpraktischen Einsatz orientierte Form, in der es geschah, machten den Diercke zu einem Markstein der Atlasgeschichte.

Was war neu am ersten Diercke Weltatlas?

»Richtig, schön, zweckmäßig«

Der Atlas folgte den Grundsätzen, die Diercke bereits 1877 in seinem programmatischen Aufsatz über Schulatlanten formuliert hatte. Seine Kurzformel lautete: Karten müssen »richtig, schön und zweckmäßig« sein. Richtig in Bezug auf ihren topografischen Inhalt, die Projektion, das Gradnetz und die Namensschreibung. Und natürlich in Bezug auf die farbige Höhendarstellung nach einer einheitlichen Skala. Sie sollten »schön« sein, der Atlas präsentierte sich entsprechend in harmonisch wirkenden, transparenten Farben. Schließlich sollten die Karten allein der Schule dienen.

Das führte zu einer Folge von Maßstäben, die miteinander vergleichbar waren. Der Atlas zeigte außerdem einen einzigen Nullmeridian — erstmals den von Greenwich —, gut lesbare Schrift, eindeutige Signaturen und beschränkte den Inhalt der Karten auf den Lernstoff.

Dafür wertete Diercke zahlreiche Erdkundeschulbücher aus und konzentrierte ihre Stofffülle auf das Wesentliche. Eine echte Innovation bedeuteten die 138 Nebenkarten: »Durch sie wird immer mehr klar, was in der Hauptkarte verborgen liegt, was der Schüler alles hineinzudenken hat.« Sie veranschaulichten Teilgebiete der Hauptkarten in einem größeren Maßstab oder gaben zusätzliche Informationen über Völker, Nutzpflanzen, Erzlager oder wichtige Häfen. Mit dem ihm eigenen didaktischen Geschick stellte Diercke zudem eine Beispielsammlung der für den Geographieunterricht wesentlichen Begriffe wie Massengebirge, Deltaland oder Wüste zusammen. Noch heute ist dieses Auswahlprinzip anzutreffen.

Kartographie: Farbwahl

Kartographie und grafische Wirkung

Vergleicht man die politische Karte Europas in den heutigen Ausgaben des Diercke Weltatlas mit denen seit der Jahrhundertwende, stellt man fest, dass sich an der Farbgebung nicht viel geändert hat.

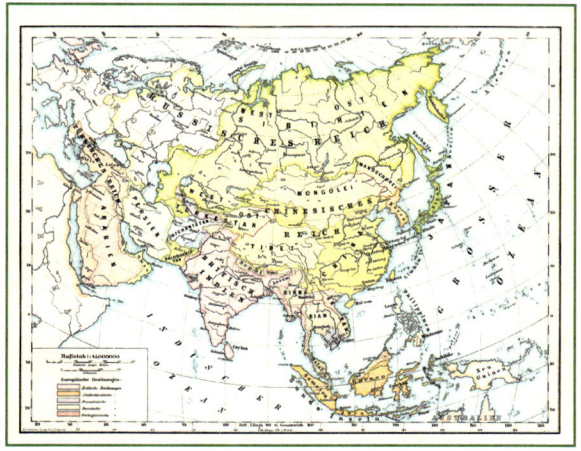

Asien – politisch 1883

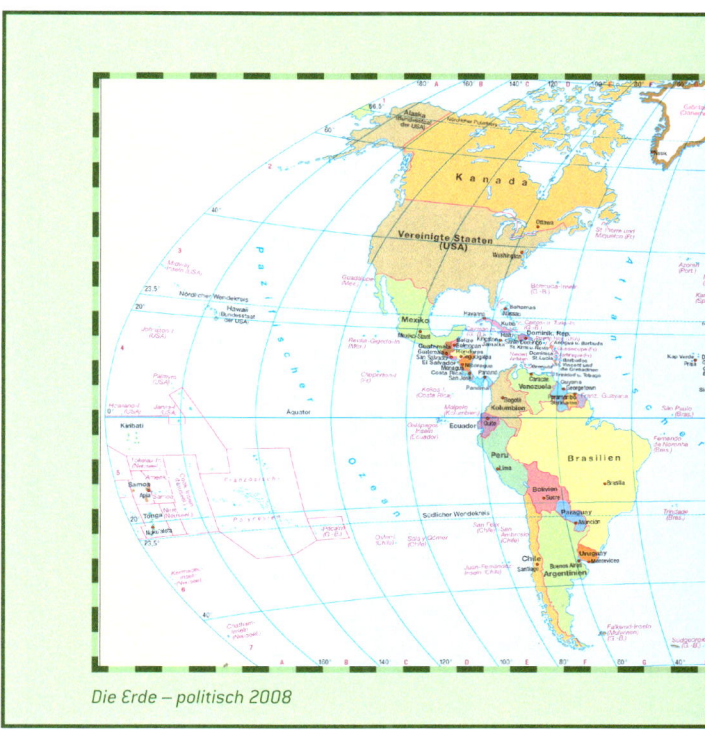

Die Erde – politisch 2008

Warum bekommt welcher Staat welche Farbe?

Deutschland ist immer noch – oder besser: wieder – blau, Frankreich violett und Russland grün. Die Beispiele lassen sich fortführen und finden teilweise sogar im ersten Diercke von 1883 ihre Entsprechung. Die Farbgebung folgt einer im Hause gereiften kartographischen Konvention. Wichtig bei der Farbwahl für politische Karten waren und sind (karto)grafische Gesichtspunkte: Um die Staaten besser voneinander unterscheiden zu können, werden kontrastreiche Farbtöne gewählt. Dabei sollen große Territorien nicht in den leuchtendsten Farben erscheinen, während für besonders kleine Flächen absichtlich zu einer auffälligen Farbe gegriffen wird.

Farbfamilien

Farbverwandtschaften zwischen weit voneinander entfernt liegenden Staaten haben meistens nichts zu bedeuten, während benachbart liegende ähnliche Farben durchaus inhaltlich gewollt sind. Das trifft auf die grüne Farbfamilie für die Nachfolgestaaten der Sowjetunion zu und auf die blaue Farbfamilie für die Nachfolgestaaten Jugoslawiens. Hier transportieren die Farben die Information: Diese Staaten hatten in der jüngeren Vergangenheit eine gemeinsame Geschichte. Ähnliches gilt für Karten wirtschaftlicher, politischer oder militärischer Zusammenschlüsse, auf denen man sich zeitweise auch »sprechender« Farben wie der Rottöne für die sozialistischen Staaten bediente.

Bergpässe, keine Reiserouten

Carl Diercke rückte die natürliche Erdoberfläche in das Zentrum seines Atlas. Die poltisch-administrativen Informationen durften zwar nicht fehlen, sie sollten aber nicht wie bisher den Charakter der Karten bestimmen. Übersichtlichkeit und Deutlichkeit hatten oberste Priorität. Störten politisch-topografische Inhalte das physische Kartenbild, erhielten sie entweder eine eigene Darstellung oder wurden auf ein Minimum reduziert.

So hielt es Diercke etwa mit Eisenbahnstrecken, die er ohne Endpunkt im Nirgendwo auslaufen ließ. Sie waren für ihn nur von Wert, soweit »sie die besten und natürlichsten Wegverbindungen wie auch Übergänge und Pässe zeigen. Ganz und gar haben sie nicht den Zweck Reiserouten zu zeigen.«

Eine besondere Leistung vollbrachte der Kartograph und Lithograph Eduard Gaebler (1842–1911). Er integrierte die politischen Grenzen in die physische Karte, ohne dabei die Geländedarstellung zu beeinträchtigen. Gaebler zeichnete und lithographierte sämtliche Karten unter der Federführung Dierckes, sodass der Atlas »aus einem Guss« entstand. Andernorts waren mehrere Kartenstecher und Zeichner mit unterschiedlichen Handschriften an einem solchen Werk beteiligt.

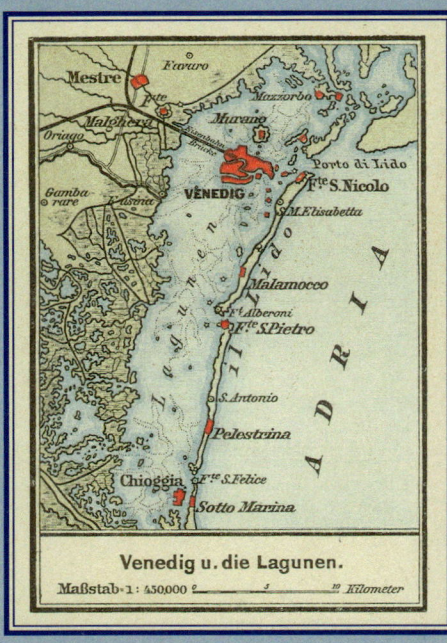

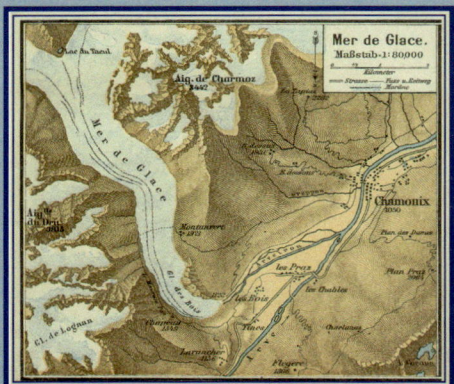

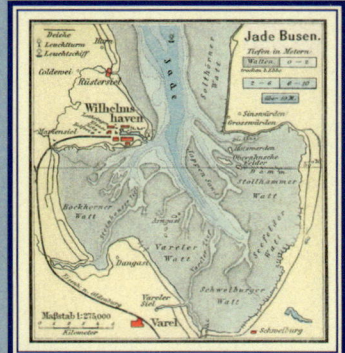

»Wenn zunächst festzustellen ist, daß unser Schulatlas für den Schulunterricht in erster Linie bestimmt ist, so muß ich die Karte als höchst gelungen erklären. Der neuere Unterricht in der Geographie wendet sich zunächst nur der physischen Geographie zu und betrachtet auch die einzelnen Objecte der politischen Geographie nur von diesem Gesichtspunkte (...). Das rein politische Bild hat (...) nur für die Erdteile noch eine Bedeutung, für die einzelnen Länder dagegen (...) nicht.«

Carl Diercke über Gaeblers Entwurf der Karte Pyrenäen-Halbinsel, 1880

Mochten rote Fahnen auf dem Roten Platz oder in Peking wehen – auf der politischen Karte war Russland seit jeher grün und China gelb. (Feier zum 35. Jahrestag der Gründung der Volksrepublik China. 1. Oktober 1984)

»Schmutziges Rotbraun«

Politisch-ideologische Werturteile hinter der Farbwahl der Karten zu vermuten, ist heute wie auch bei den meisten älteren Ausgaben des Diercke fehl am Platz. Ansätze dazu hat es jedoch unter der Nazi-Diktatur vor allem nach Beginn des Zweiten Weltkriegs gegeben. Die Farben der Staatenkarte wurden 1942 in einem Einheitsatlas für Volksschulen rassistischen Kriterien und einem Freund-Feind-Schema unterworfen. Der Atlas war unter der Federführung der Reichsstelle für das Schul- und Unterrichtsschrifttum entstanden und erschien in dem Gemeinschaftsverlag deutscher Schulatlasverleger. Das Erläuterungsheft schrieb den Lehrern die Lesart vor: Rottöne »beherrschen« den »volkhaft-germanischen Raum«, darin eingeschlossen der Kriegsgegner Großbritannien, das deshalb in einem »schmutzigen Rotbraun« eingefärbt ist. Die befreundeten »volkhaft romanischen Staaten« zeichnen leuchtende blaue Farben aus, der »sowjetische Machtbereich« dagegen ist »fahlgrün«. Eingang in die Staatenkarten des Diercke ab 1938 fand lediglich die Weisung aus dem »Reichsministerium für Volksaufklärung und Propaganda«, das Deutsche Reich rot zu markieren, der »suggestiven Wirkung« willen. Nach dem Krieg kehrte man beim Westermann Verlag zu Blau zurück.

Warme und kalte Farben

Die thematische Kartographie jenseits der politischen Karte bereitet heute die größere gestalterische Herausforderung. Mit hohem Aufwand und mehreren Farbvarianten gehen die Westermann-Kartographen immer wieder daran, Farbskalen zu komponieren, die den Themen am besten gerecht werden.

Wie lassen sich z. B. auf Wirtschaftsstatistik- und Bevölkerungskarten Skalen farblich gestalten, die von »wenig« zu »viel«, von »dünn« zu »dicht« oder von »schwach« zu »stark« reichen? Hier geht es um unterschwellige Assoziationen warmer und kalter, stumpfer und leuchtender Farben. Dazu hat zwar die Farbpsychologie wichtige Erkenntnisse geliefert, die Kernfrage aber lautet: Wie kann ein komplexer Karteninhalt durch die Farbwahl differenziert genug dargestellt werden, ohne das Hauptthema aus den Augen zu verlieren?

Atlasgestaltung: Aufbau

Die Frage, wie ein Schulatlas in seiner Kartenreihenfolge aufgebaut sein soll, wurde in der Geographiedidaktik schon vor einem Jahrhundert mit Hingabe diskutiert.

In ungezählten Beiträgen denken Bildungsexperten bis heute darüber nach, welche Karten und Maßstäbe ein Schulatlas enthalten sollte und wie seine Teile aufeinander zu folgen haben. Vordergründig handelt es sich bei diesem Diskurs nur um einen »schulkartographischen Glaubenskrieg«. Dahinter steckt jedoch die ständige Suche nach angemessenen Lehrplänen.

Der Fudsch[i]
Mit seinem abgestumpften, unten sanft von breiter Grundlage aus der lachenden Landschaft Nippons. Dieser Vulkan, der 17[...] grunde ei[...]

Vom Fernen zum Nahen...

> »Bei der Reihenfolge der Karten ist in erster Linie maßgebend, daß der Schüler nach einem einfach zu behandelndem System die Karten schnell findet. Eine Begründung dafür, daß das Vaterland zuerst oder zuletzt im Atlas erscheint, läßt sich nicht geben. Der eine will das Beste zuerst, der andere will mit dem Wichtigsten den Schluß machen. Beide Gesichtspunkte stehen unabwägbar nebeneinander.«
>
> *Paul Diercke, wissenschaftlicher Leiter der Westermann-Kartographie, 1931*

...oder umgekehrt?

Die Erde zuerst

In den heutigen Geographiebildungsplänen der Sekundarstufe I steckt das Grundprinzip »Vom Nahen zum Entfernten«. Vor hundert Jahren galt dagegen »vom Fernen zum Nahen«. Die preußischen Lehrpläne sahen zeitweise für die Quarta das Thema »Außereuropa« vor, in der Tertia und Untersekunda folgten dann »Europa« und »Deutschland«. Die Lehrpläne in anderen Teilen des Deutschen Reiches variierten. Eine Mischung aus Konvention und Berücksichtigung der Pläne war also dafür verantwortlich, dass der Diercke Schulatlas mit den Weltkarten einstieg und mit dem Teil zum Deutschen Reich schloss. Auch der »grüne« Diercke Weltatlas der Nachkriegszeit übernahm diese regionale Gliederung.

Quadratur des Kreises

Ab 1957 erschien der braune Diercke Weltatlas. Mit ihm begannen die Atlaseinsteiger wie heute mit Deutschland, gingen noch während der Unterstufe zu Europa über und kamen dann über Asien, Afrika und Australien nach Amerika. Der hintere Teil enthielt die in den Ausgaben zuvor an den Anfang gestellten Weltkarten.
Heute hat sich an dieser Ordnung nur die Abfolge der Kontinente geändert. Die letztgültige Reihenfolge zu finden, hat viele Atlasmacher beschäftigt, denn das Problem gleicht der Quadratur des Kreises: Die auf dem Globus verteilten Erdteile lassen sich eben nicht nacheinander abfahren, ohne dass irgendwo ein größerer Sprung erfolgt.

...westlich von Tokio (3728 m).
...n Regel erhebt sich der heilige Berg, von einer blendend weißen Schneehaube gekrönt,
...n Ausbruch erlebte, wird viel von buddhistischen Pilgerscharen besucht. Im Vorder-
...von Tokio, rechts Schirmtannen.

Es empfiehlt sich jedoch nicht, deshalb von der regionalen Kartenabfolge abzuweichen und den Schulatlas z. B. allein nach Sachthemen aufzubauen. Schneller als bei jedem anderen Gliederungsprinzip finden sich Schülerinnen und Schüler in ihrem regional geordneten Atlas zurecht.

Aus dem älteren Ordnungssystem »von der Überblickskarte zur Regionalkarte« ist im Diercke Weltatlas das Leitkartenprinzip geworden, bei dem eine Übersichtskarte von Themenkarten größerer Maßstäbe begleitet und inhaltlich erweitert wird.

»Der wanderlustige Haussa besucht als eifriger Händler ein Dorf in Togo.«

Blick in die Ferne

Kennzeichnend für den Diercke Weltatlas war und ist zudem, dass seine Nutzer sowohl vom Nahen wie vom Fernen mehr zu sehen bekommen als bei seinen jeweiligen Zeitgenossen. Für Aufsehen sorgten bereits im ersten Schulatlas die zu den Hauptkarten gestellten Nebenkarten mit ihren Einblicken in fremde Städte und Landschaften.

Aus Deutschland wurden im 20. Jahrhundert z. B. gerne Typenlandschaften oder Dorfformen gezeigt, heute sind es Fallstudien aus den Bundesländern.

»Sächsische Kulturebene. [...] Die Schollen der Äcker [...] werden von den vier Scharen des Dampfpfluges tief umgebrochen [...]«
– alle Bilder stammen aus einem Schulbuch von 1908.

Der Blick in die Ferne erschöpft sich beim Diercke Weltatlas nicht auf Übersichtskarten. Darüber hinaus bietet er u. a. zahlreiche Stadtbilder und detaillierte Karten zu Landwirtschafts- oder Bergbauthemen sowie Umwelt- und Bevölkerungsfragen.

Auch in den Fächern jenseits der Geographie wird wegen seiner passenden Themenkarten gerne zum Diercke gegriffen.

Kartographie: Generalisieren

Eine Karte ist eine vereinfachende Darstellung dessen, was wir als direkte, weitere oder entfernte Lebenswirklichkeit wahrnehmen. Von der Wohnung über den Wohnort, die heimatliche Landschaft, das Bundesland bis zu Deutschland, Europa und der Welt bilden Pläne und Karten den von uns wahrgenommenen, physischen Raum in abstrahierter und generalisierter Form ab. Die Begriffe »abstrahieren« und »generalisieren« meinen dabei das Weglassen von Einzelheiten und das Überführen auf etwas Allgemeineres. Sie können synonym verwendet werden – in der Kartographie spricht man jedoch üblicherweise vom »Generalisieren« einer Karte.

Generalisieren: Was ist das?

④ Berlin – Innenstadt 1932 / um 1980 / 2007

- Citybereich, Hauptgeschäftszentrum
- innerer Wohngürtel, geschlossene Bebauung
- äußerer Wohngürtel, offene- und Randbebauung
- Regierungsgebäude (Auswahl)
- Verwaltungsgebäude, öffentliches Gebäude
- Bildungs-, Sozialeinrichtung
- kulturelle Einrichtung
- Gewerbe, Industrie

Verständlichkeit und Informationsdichte

Es liegt in der Hand des Kartenredakteurs oder des Kartographen, die aus verschiedenen Quellen konstruierte Raumrealität in eine generalisierte Karte zu übertragen. Dazu werden meist andere Kartengrundlagen herangezogen. Hinzu kommen Statistiken, Fach- und Populärliteratur, die Lokalkenntnisse von Geowissenschaftlern, Bilder und weiteres Material, das zunehmend im Internet zu finden ist. Der Generalisierungsgrad hängt dann maßgeblich vom Größenverhältnis des abzubildenden Raumausschnittes zum Kartenblatt ab, dem Maßstab. Eine optimale Generalisierung gewährleistet die Lesbarkeit und Verständlichkeit einer Karte bei gleichzeitig höchst möglichem Informationsgehalt. Andernfalls würde eine Karte vor lauter Details unleserlich sein.

Konkurrenz der Signaturen

Prinzipiell erlaubt nur der Maßstab 1 : 1 eine getreue und vollständige Wiedergabe des realen Raumes. Schon bei einem Maßstab von 1 : 2 bedarf es Generalisierungen, auch wenn diese verhältnismäßig geringfügig sind.
Je kleiner der Maßstab, desto mehr werden vereinfachende Bilder, Beschriftungen, Symbole oder Signaturen verwendet, um Raumobjekte abzukürzen und zusammenzufassen. Wichtiges wird gegenüber weniger Wichtigem bevorzugt dargestellt, Verzichtbares wird weggelassen, Bedeutendes vergleichsweise überbetont. Ergänzende Informationen wie

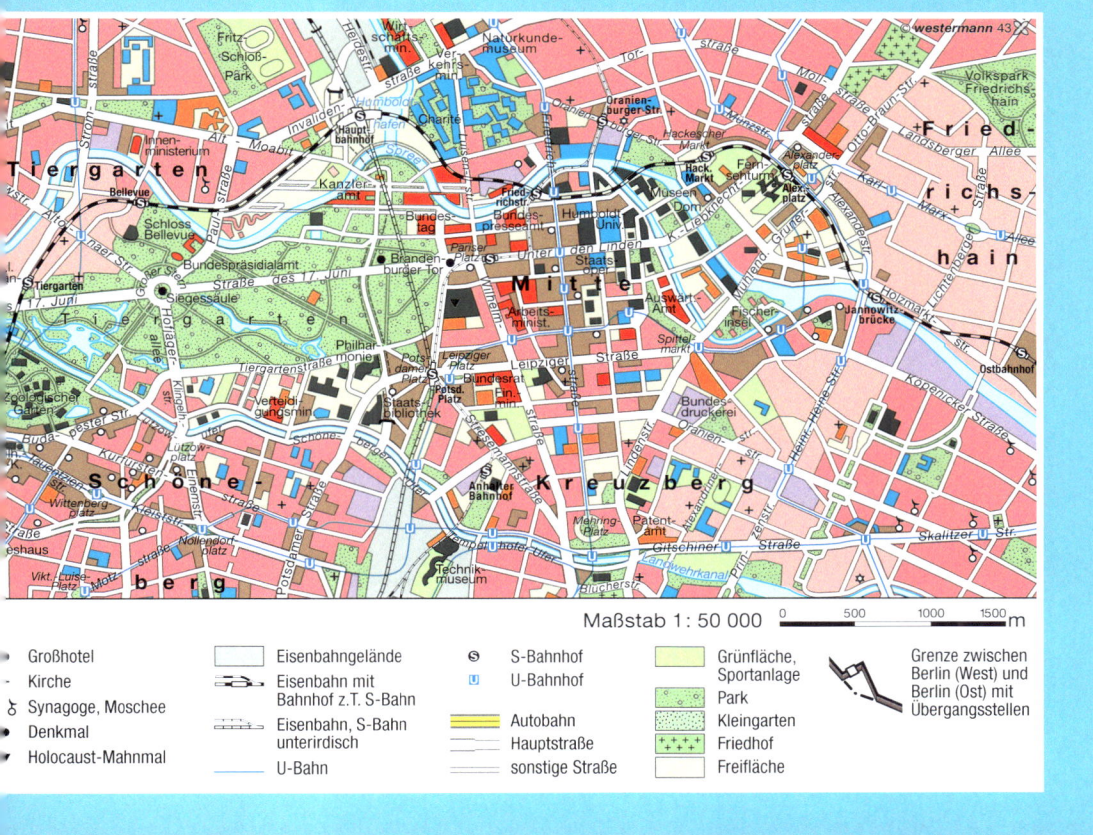

Berlin 1: 50.000

Am Beispiel der Innenstadtkarte von Berlin wird es sichtbar: Mit Verkleinerungen des Maßstabes (hier abgebildet in 1: 250.000 und 1: 500.000) kommen neue Generalisierungsaufgaben auf den Kartographen zu.

Eine echte Herausforderung ist die 10-fache Verkleinerung dieser Karte. Unbearbeitet, wie hier abgebildet, zeigt sie deutlich ... gar nichts.

Berlin 1: 250.000

Berlin 1: 500.000

Ortsnamen überdecken hinter ihnen liegende Karteninhalte, die verdrängt oder gekürzt werden. Gut lesbare Kartenzeichen sind deutlich größer als die maßstäbliche Verkleinerung des dargestellten Objektes. Sie konkurrieren daher mit benachbarten Kartenzeichen und -inhalten und können deshalb oft nur in einiger Entfernung zu ihrer tatsächlichen Lage gesetzt werden.

→ → → Generalisieren: Was ist das?

Subjektivität der Generalisierung

Die Forderungen nach Wirklichkeitstreue, Vollständigkeit, Lesbarkeit und Informationsvielfalt können nie gleichzeitig erfüllt werden. Maßstab und Blattgröße einer Karte geben vor, wie stark die Raumrealität gefiltert und kommentiert werden muss. Die Generalisierung ist deshalb ein wesentliches Unterscheidungsmerkmal zwischen einer Karte und einer ungefilterten, aber auch unkommentierten fotografischen Abbildung.

Ein guter Kartograph wird bei einer Generalisierung immer Objektivität und Nachvollziehbarkeit anstreben. Dennoch beinhaltet jede Generalisierung immer auch ein subjektives

Generalisierung bei unterschiedlichen Kartentypen

Bei Generalisierungen gibt es ein entscheidendes Problem: Der zur Verfügung stehende Platz füllt sich bei kleiner werdenden Maßstäben erfahrungsgemäß mit immer mehr Signaturen und Beschriftungen, deren Größe jedoch aus Gründen der Leserlichkeit nicht beliebig mitschrumpfen kann. So müssen Prioritäten entwickelt werden, nach denen die Neuvergabe und Positionierung der Signaturen erfolgt. Vergleichsweise wenig Generalisierungsbedarf haben statistische Karten jeden Maßstabs. Bei ihnen wählt der Redakteur vorab die Indizes für den Raum und seine statistischen Einheiten.

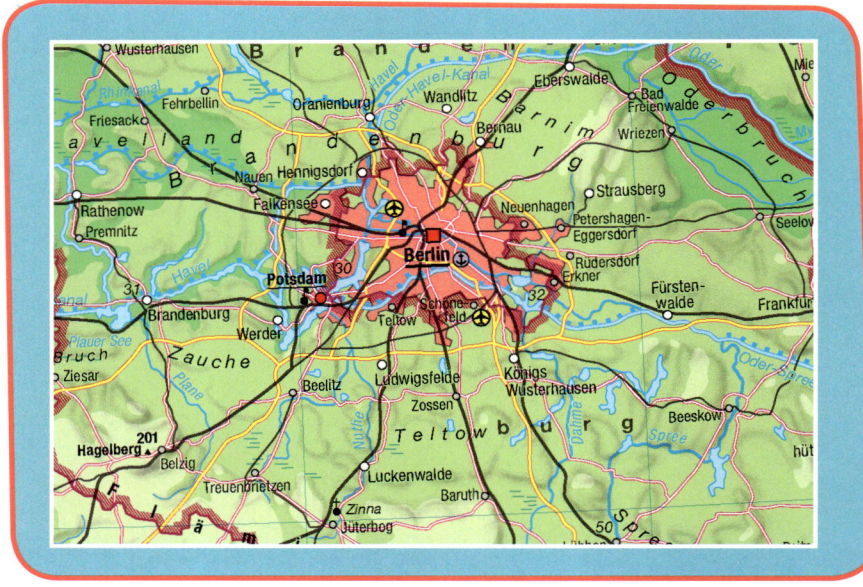

Berlin 1 : 1.500.000

*Kartenausschnitt:
Deutschland - Nördlicher Teil, Berlin
Maßstab 1 : 1.500.000
Prioritäten in der Signatur müssen gesetzt werden.
Zum Beispiel für:
Einwohnerzahl, Besiedlung, Landesgrenze, unterschiedliche Verkehrsverbindungen und Gewässer ...*

Moment – das des Kartenredakteurs bzw. -zeichners und der von ihm verwendeten Quellen. Im Zeitalter der Geoinformationssysteme gibt es zwar automatisierte Programme, die gewisse Generalisierungsschritte übernehmen, z. B. bei Verläufen von Höhenlinien. Trotz aller mathematischen Finessen müssen die Ergebnisse jedoch immer kontrolliert und manuell angepasst werden.

Allerdings liegt dann die Kunst in der optimalen Klassifikation für ein ausgewogenes Kartenbild.

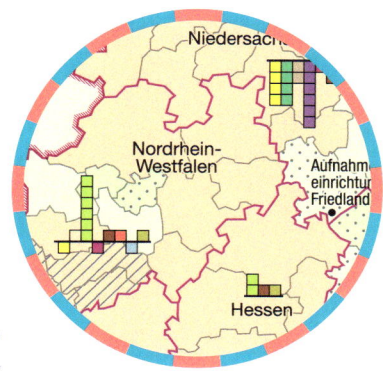

Dieser zur Verdeutlichung stark vergrößerte Kartenauschnitt zeigt, dass die Generalisierung der Statistikkarte zur Arbeitslosigkeit und Binnenwanderung nicht so aufwändig erscheint.

Bei besonders kleinen Einheiten (auf Deutschlandebene z. B. Hamburg oder Berlin) kann es zu Problemen kommen, wenn in der Fläche liegende Zeichen oder Diagramme auf benachbarte Einheiten herüberragen und damit die Zuordnung undeutlich wird.

Prioritäten bei Wirtschaftskarten

Den größten Generalisierungsbedarf haben thematische Übersichts- oder Teilraumkarten wie die klassische Wirtschaftskarte. Auf ihr konkurrieren meist verschiedene Signaturen um die Darstellung an einem Standort. Für die Schulkartographie ist bei der Gewichtung der Wirtschaftszeichen ausschlaggebend, wie viele Menschen in der Region in einer Branche beschäftigt sind. Bei selten vorkommenden Wirtschaftszweigen werden die etablierten Generalisierungsregeln ausnahmsweise gebrochen und auch weniger beschäftigungswirksame Branchen gezeigt. Die Schmuckindustrie an den beiden traditionellen Standorten Pforzheim und Idar-Oberstein ist ein solcher Fall.

An den Beispielen wird deutlich, dass für eine gute Kartengeneralisierung neben einer Vielzahl seriöser Quellen auch viel Erfahrung im Umgang mit der Übertragung von Raumrealität in eine Karte benötigt wird. Damit ist die Generalisierung ein wesentlicher Beitrag zu einer kunstvoll gestalteten Karte, von der trotz aller Technisierung auch im Computerzeitalter noch gesprochen werden kann.

Berlin 1: 4.000.000

Berlin 1: 16.000.000

Berlin 1: 90.000.000

... bis auf der physischen Weltkarte nur noch ein Kreis bleibt. (Vergrößerung)

Schon weitaus komplizierter als die oben gezeigte Generalisierung der Statistik zur Arbeitslosigkeit ist die Generalisierung dieser Wirtschaftskate im Maßstab 1 : 2.250.000. Die Signaturen konzentrieren sich hauptsächlich auf Verkehrs- und Transportwege sowie auf unterschiedliche Industriezweige.

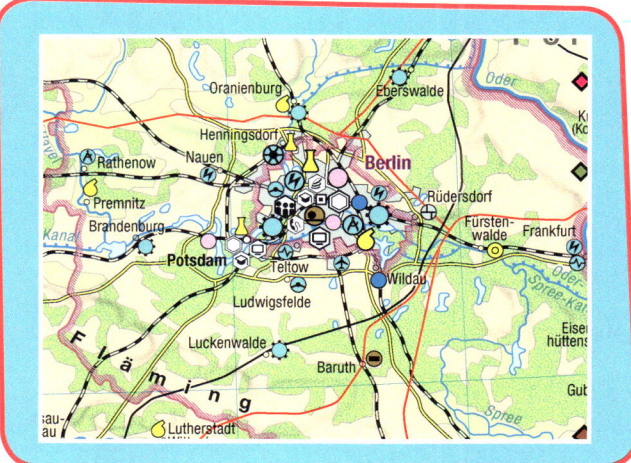

Berlin 1: 2.250.000

Kartographie: Entwurfszeichnung

*Regelmäßig besichtigen Besuchergruppen den Westermann Verlag.
In der hoch technisierten Kartographie angelangt, zeigt man sich oft erstaunt darüber, dass an einzelnen Arbeitsplätzen wie eh und je mit traditionellem Handwerkszeug gearbeitet wird.
Dort beugen sich Entwurfskartographen über entstehende Schulatlaskarten und bezeichnen Folie für Folie mit Tusche oder Buntstiften. Entwurfskartographen gibt es bei Westermann seit weit über 100 Jahren und auch in der Zeit der Computerkartographie wird auf sie nicht verzichtet.*

Alles von Hand?

Nicht immer gab es maschinell gesetzte Kartenschriften oder die Schichtgravur für gleichmäßig breite Linien. Vor diesen Neuerungen waren die Kartenentwürfe äußerst akkurate Reinzeichnungen. Von den gedruckten Karten waren sie nur mit der Lupe zu unterscheiden, denn die nachgeordneten Bergstecher und Kartographen hatten sich bei den Druckvorlagen penibel an die Entwürfe zu halten. Da die Schrift bei jeder Karte individuell platziert werden musste, konnte sie anfangs nicht gesetzt werden. Die Namen in alten gedruckten Atlanten wirken also nicht nur wie von Hand gezeichnet, sie sind es auch. Die Handwerker oder besser Künstler sind dabei so akribisch vorgegangen, dass man ihnen erst bei starker Vergrößerung »auf die Schliche« kommt.

Der Entwurfskartograph überträgt per Hand eine topografische Grundsituation in die gewünschte Kartenprojektion.

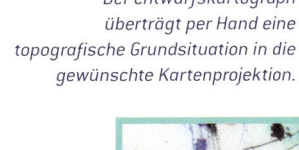

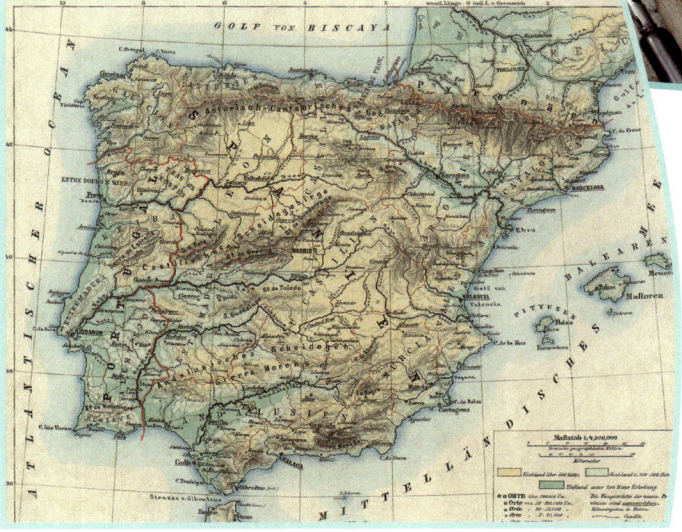

Der gedruckten Karte zum Verwechseln ähnlich: der handgezeichnete Entwurf zu der Karte der Pyrenäen-Halbinsel von Eduard Gaebler, die auf Seite 22 zu finden ist.

Dabei sorgt er dafür, dass eine neu hinzukommende Karte nicht wie ein Fremdkörper im Diercke Weltatlas wirkt, sondern in ihrer grafischen Anmutung, dem »Karten-Duktus«, perfekt zu den anderen Fallbeispielen passt.

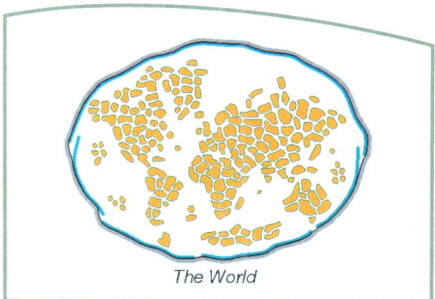

Wenn der Entwurfskartograph beispielsweise Flächen erfasst, kann er sie nicht einfach eins zu eins übernehmen. Er muss die Abgrenzungen neu generalisieren, damit sie zu den anderen, im gleichen Maßstab abgebildeten Flächen passen. Desgleichen glättet er Grenzverläufe, lichtet das Liniengewirr, setzt ausgewählte Punktsignaturen und gibt für die Computerkartographen wichtige Schriftpositionen vor.

Was macht der Entwurfskartograph denn da?

Dubai:
Künstliche Inselwelt »The World« (oben)
Jebel-Ali-Palme als Entwurf und als Karte im Diercke 2008 (unten)

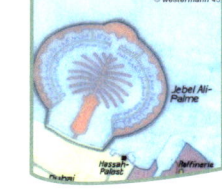 

Im Diercke-Duktus

Heute hat der Kartenentwurf eine andere Bedeutung. Die Kartographen arbeiten nach vielfältigen Unterlagen aus dem In- und Ausland, z. B. nach Satellitenaufnahmen und Luftbildern oder nach Kartierungen wissenschaftlicher Autoren. Viele dieser Unterlagen wurden nicht für die Schule erstellt, oft sind sie mit Inhalten überfrachtet.

In der Westermann-Kartographie werden die Vorlagen nach ihren einzelnen Inhaltsebenen ausgewertet. Die Aufgabe des Entwurfskartographen ist es, aus den Rauminformationen eine Karte in passendem Maßstab und einer angemessenen Projektion zu erstellen.

Den Ausschnitt und den Inhalt der Karte entnimmt der Entwurfskartograph den Kartenskizzen und Legendenaufstellungen der Kartenredaktion. Für diese gewünschten Inhalte bestimmt er die kartographischen Ausdrucksmittel, wobei die »schülerverträgliche« Gesamtwirkung der Karte nie aus dem Blick geraten darf. Was der Entwurfskartograph den Computerkartographen schließlich als Digitalisierungsvorlage übergibt, ist wie früher das Ergebnis eines künstlerischen Schaffensprozesses – eine neue Karte im bewährten Duktus.

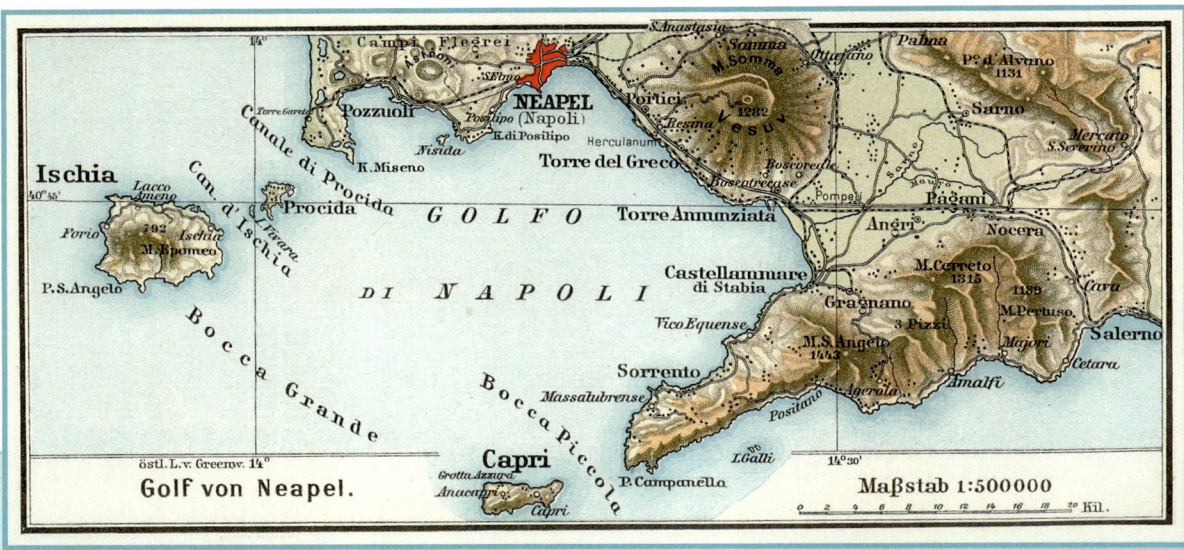

Diercke, Schul-Atlas für höhere Lehranstalten
Wissenschaftliche Bearbeitung: Carl Diercke, Zeichnungen: Eduard Gaebler, Adolf Liebers
Herstellung: Übertragung der Originalzeichnung auf Lithographiesteine,
Umdruck auf Zinkplatten und Hochätzung für Buchdruckschnellpressen, bis zu sechs Druckfarben

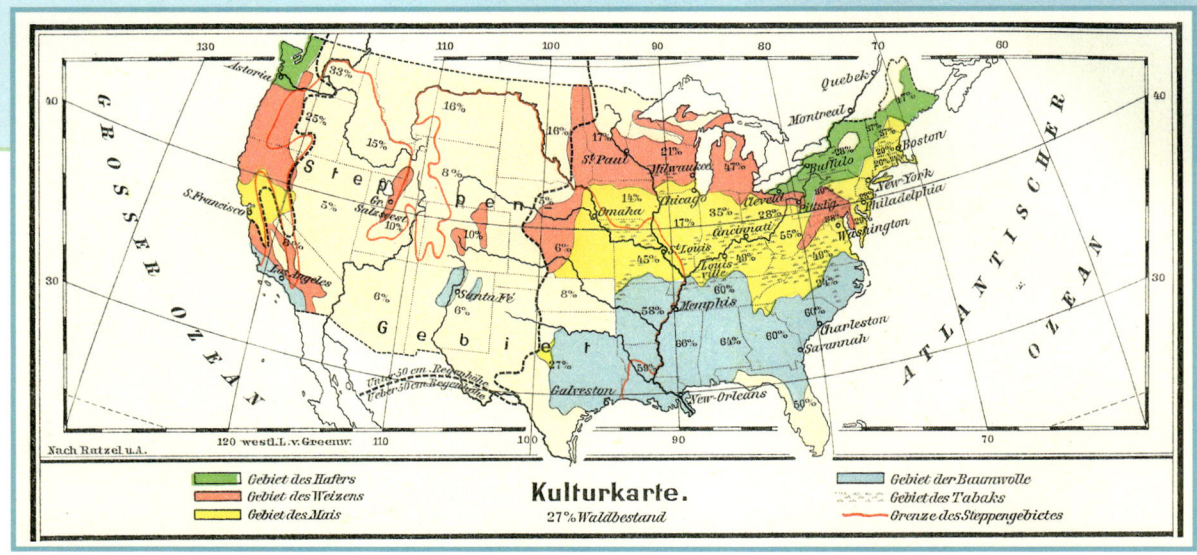

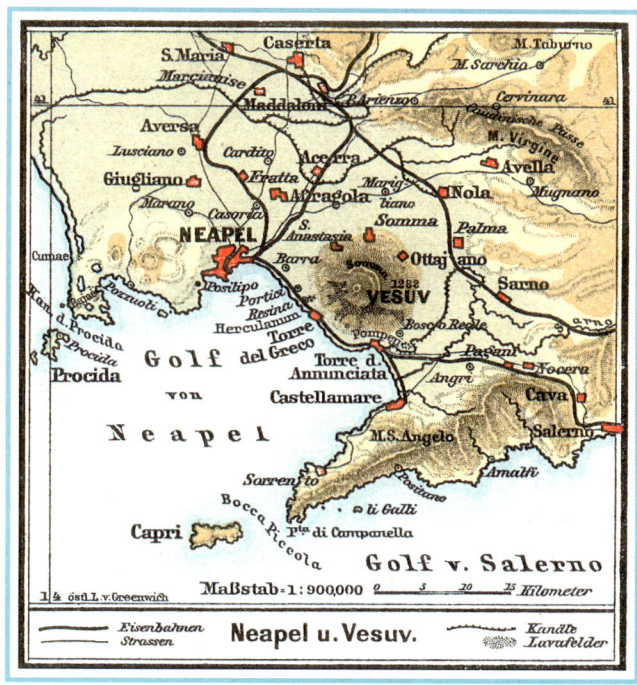

Schul-Atlas über alle Teile der Erde. Zum geographischen Unterricht in höheren Lehranstalten
Wissenschaftliche Bearbeitung: Carl Diercke, Zeichnungen: Eduard Gaebler
Herstellung: Übertragung der Zeichnungen auf Lithographiesteine,
Umdruck auf Zinkplatten und Hochätzung für Buchdruckschnellpressen, bis zu sechs Druckfarben

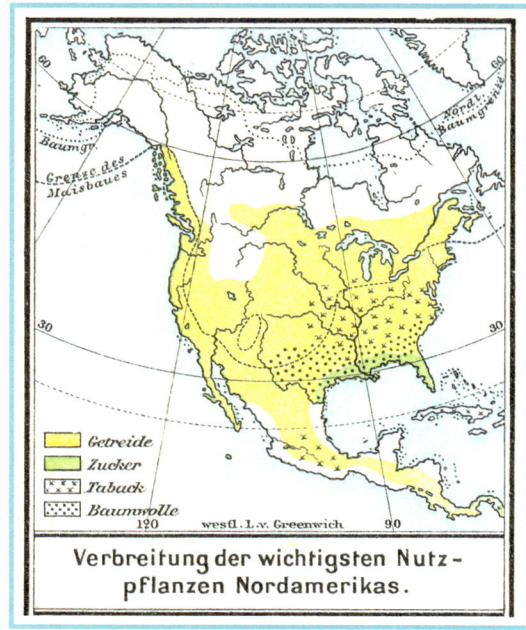

Diercke-Karten im Wandel ...

...1883 – 1895 – 1911 – 1932

Die Karte von Neapel mit dem Vesuv und die Karte der Nutzpflanzen Nordamerikas haben jede Lehrplanveränderung und jede Überarbeitung des Diercke seit 1883 überstanden. Eine Zeitreise durch einige Ausgaben des Atlas zeigt an diesen Motiven die Fortschritte, die die Diercke-Kartographie gemacht hat. Die Fortsetzung ist auf den Seiten 66–71 zu finden. Dort wurde die Karte »Huerta von Murcia« anstelle der Karte von Nordamerika gesetzt, die wegen ihrer zunehmenden Größe nicht mehr angemessen wiedergegeben werden kann.

Auf diesem Tableau kann man die Entwicklung der physischen Karte mit ihren typischen Reliefschraffen verfolgen. Sie wird wissenschaftlich genauer, an Höhenstufen reicher und bekommt kräftigere Farben. Aus ursprünglich drei Landhöhen werden hier vier. Karten mit Senken und Hochgebirge – beides kommt nahe Neapel nicht vor – hatten anfangs vier (Senke, 0–200, 200–500, über 500 Meter) später sechs Stufen (Senke, 0–100, 100–200, 200–500, 500–1500, über 1500 Meter).

Die Wirtschaftskarte dieser Zeit steckt noch in den Kinderschuhen. Sie wird zusehends inhaltsreicher, darum auch größer, aber die Signaturenpalette hält damit noch nicht Schritt. Man behilft sich mit unterschiedlichen Flächenfarben und Rastern und druckt Namen statt Signaturen in die Karten. Der Schritt zur komplexen thematischen Karte wird rund 20 Jahre später getan.

Das Tableau der Seiten 67 bis 70 präsentiert in der oberen Reihe die jüngeren Atlasdarstellungen des Golfs von Neapel bis hin zum aktuellen Diercke Weltatlas. Seit einigen Jahrzehnten wird diese Region in thematischen Karten mit dem Schwerpunkt Vulkanismus gezeigt. Der braune Weltatlas von 1957 war der letzte Diercke, bei dem die Höhendarstellung von Böschungsschraffen unterstützt wurde. Diese kartographische Technik wurde von einer weicheren Schattierung der Hänge abgelöst, der Schummerung.

In der unteren Reihe ist die Entwicklung der Atlaskarte «Huerta von Murcia» nachzuvollziehen. Die traditionelle Bewässerungslandwirtschaft gerät immer mehr in Konkurrenz zu anderen Flächennutzungen. Kartographisch markant ist der Übergang von handgesetzten Schriften zum heutigen Computersatz.

Paul Diercke an seinem Arbeitsplatz im Verlag (um 1911)

Paul Diercke (1874–1937) trat in die Fußstapfen seines Vaters. Schon als Schüler war er ihm bei der Durchsicht und Korrektur der Karten zur Hand gegangen. Nach dem Studium der Geographie und Botanik begann 1899 seine Laufbahn bei Westermann. 1911 wurde Paul Diercke mit der wissenschaftlichen Leitung der Kartographie betraut. Zunächst noch gemeinsam mit Carl Diercke, dann nach dessen Tod 1913 war er allein für das umfangreiche Kartenprogramm und den Diercke Weltatlas verantwortlich. Er entwickelte u. a. eine Vielzahl von Regional- und Heimatatlanten für Volks- und Mittelschulen. Unter Paul Dierckes Regie erzielte der Atlas, der auch seinen Familiennamen trägt, neue Absatzrekorde.

Der ausgebildete Lithograph Adolf Liebers (1862–1934) übernahm 1887 mit nur 25 Jahren die technische Leitung der Kartographischen Anstalt von Westermann, die in jenem Jahr von Leipzig nach Braunschweig verlegt und erweitert wurde. In dieser Position arbeitete er nahezu 50 Jahre lang an den Diercke Atlanten und Wandkarten. Liebers war einer der wenigen Kartographen, die die Zeichnung einer Karte sowie den Stich von Schrift und Terrain mit eigener Hand ausführen konnten und zusätzlich den komplizierten drucktechnischen Produktionsprozess beherrschten.

Adolf Liebers, vorne in der Mitte sitzend, im Kreis seiner Mitarbeiter (um 1927)

1932

Diercke Schulatlas für höhere Lehranstalten. Grosze Ausgabe
Wissenschaftliche Bearbeitung: Paul Diercke, Zeichnungen: Adolf Liebers u. a.
Herstellung: Übertragung der Originalzeichnung auf Lithographiesteine,
Umdruck auf Stein- und Zinkplatten für den Bogenoffsetdruck, bis zu acht Druckfarben

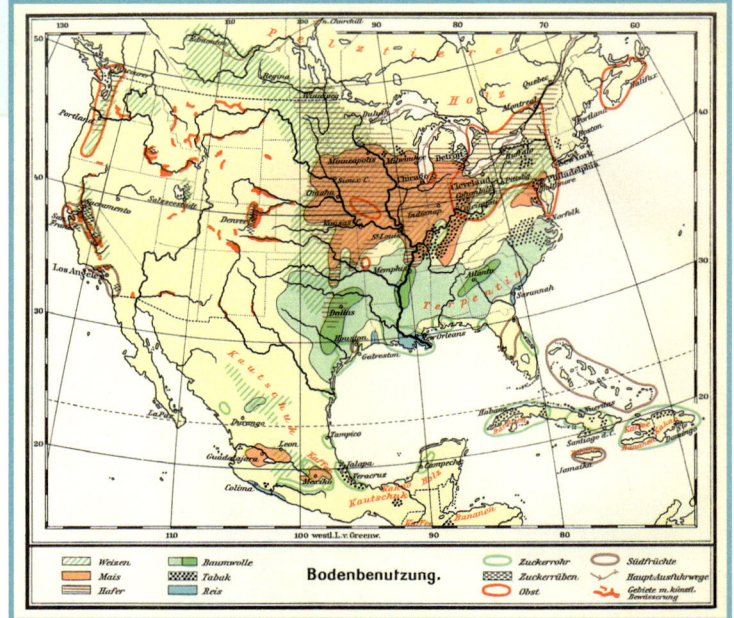

(Verkleinerung)

Diercke Schulatlas für höhere Lehranstalten
Wissenschaftliche Bearbeitung: Carl Diercke, Paul Diercke, Zeichnungen: Adolf Liebers
Herstellung: Übertragung der Originalzeichnung auf Lithographiesteine,
Umdruck auf Zinkplatten, Hochätzung für Buchdruckschnellpressen, bis zu sieben Druckfarben

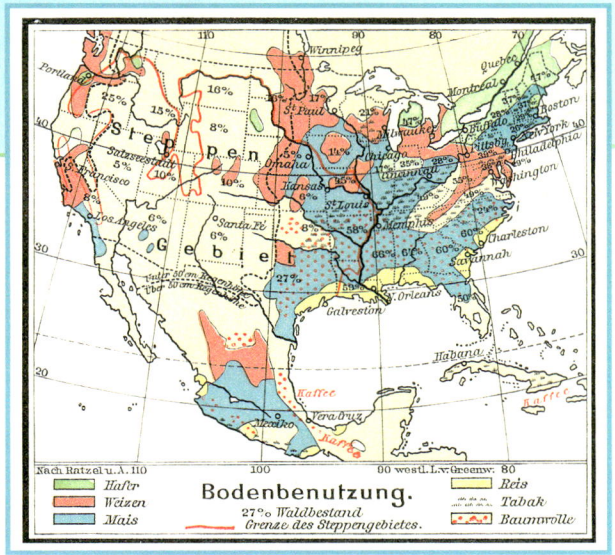

Kartographie: Verebnung

Die alten Griechen wussten es, Carl Diercke wusste es, heute lernt es jeder Schüler: Die Oberfläche einer Kugel kann nicht ohne Verzerrungen auf eine Ebene übertragen werden. Um dies zu veranschaulichen, wird im Unterricht gerne auf eine Orange zurückgegriffen. Öffnet man diese »am Pol«, lässt sich schnell erfahren, dass es unmöglich ist, das zerlappte Schalengebilde einfach zu ebnen. Auf dieses Experiment wird auf der Rückseite des Diercke Weltatlas angespielt. Karten sind also verkleinerte und etwas verzerrte Ausschnitte der gekrümmten Erdoberfläche. Mit dem Maßstab wird nur ein mittleres Verkleinerungsverhältnis angegeben, die meisten Entfernungen sind zusätzlich etwas gestaucht oder gedehnt. Mit einer angemessenen Kartenprojektion können Kartographen jedoch die ihnen wichtigen Abbildungseigenschaften erhalten.

Soll eine Kugeloberfläche in der Ebene abgebildet werden, muss man sie aufklappen wie die Schale einer Orange. Das geht nicht ohne Stauchen und Dehnen.

Erstrebenswerte Flächentreue

Es gibt die Eigenschaft der Flächentreue, bei der alle Staats- oder Inselflächen in einem korrekten Flächenverhältnis zueinander stehen. Für die Übersichtskarten der Kontinente und ihrer Teilräume werden im Diercke Weltatlas maßgeschneiderte flächentreue Kartenprojektionen verwendet. Nur bei Weltkarten würde ein Beharren auf der Flächentreue zu starken Verzerrungen an den Rändern führen.

Ist die Erdkugel eine Apfelsine?

Faszinierende Winkeltreue

Die Winkeltreue fasziniert Kartographen seit Jahrhunderten. Wo auch immer auf einer winkeltreuen Karte Winkel und Himmelsrichtungen gemessen werden, stimmen sie mit den wirklichen Lagebeziehungen überein. Für die Seefahrt der frühen Neuzeit war das revolutionär, für heutige Schulatlanten spielt es keine große Rolle mehr. Die frühen Weltkarten wurden von den Westermann-Kartographen in der Mercator-Projektion aus dem Entdeckungszeitalter angelegt. Mittlerweile verzichtet man auf diese winkeltreuen Darstellungen, denn Formen und Längen werden zu stark verzerrt.

Unmögliche Längentreue

Die Längentreue kann niemals komplett erreicht werden. Sie gilt nur entlang ausgewählter Strecken, z. B. dem Äquator. Die im Diercke Weltatlas oft verwendeten abstandstreuen Schnittkegelprojektionen erlauben eine dem Maßstab entsprechende Entfernungsmessung entlang aller Meridiane, also in Polrichtung. Quer zu den Längengraden kommt es aber zu Verzerrungen.

Maximale Formtreue

Vor allem bei Weltkarten entschieden sich die Gestalter des Diercke Weltatlas angesichts aller gegebenen Einschränkungen immer wieder für vermittelnde Lösungen mit dem Ziel größtmöglicher Formtreue: Die Gestalt der Kontinente im Atlas soll dem realistischen Abbild auf einem Globus möglichst nahe kommen. Damit dieses Ziel erreicht werden kann, müssen die anderen Abbildungseigenschaften etwas zurückstehen. Um sich der wahren Gestalt der gekrümmten Erdoberfläche bewusst zu werden, empfahlen schon die Urväter des Diercke Weltatlas, zusätzlich zum Schulatlas so häufig wie möglich den Globus im Unterricht heranzuziehen – also die Apfelsine sozusagen ungeschält zu lassen. Heute gewährleistet dieses dreidimensionale Raumverständnis auch der Diercke Globus, der jedem Weltatlas-Besitzer im Internet als virtuelle Erdkugel mit detaillierten physischen Karten und mehr zur Verfügung steht.

Atlasherstellung: Druck

»Unser Großvater hat uns einen wertvollen Diercke Schulatlas hinterlassen. Wie hoch ist sein Wert genau?« lautet manche Anfrage. Die Antwort des Westermann Verlages wird häufig enttäuscht aufgenommen, da der erhoffte vierstellige Betrag weit nach unten korrigiert werden muss: Sogar die ersten selten angebotenen Ausgaben des Atlas werden heute weit unter 1000 Euro gehandelt.

Zweifel werden dann angemeldet: »Aber solch ein Atlas im Kupferstich muss doch mehr wert sein!« Natürlich ist der Diercke für den Verlag von geradezu unschätzbarem Wert, aber das zählt nicht für den Antiquariatsbuchhandel. Für ihn zählt, dass der Atlas ein Massenprodukt war, das möglichst kostengünstig, schnell und in hoher Anzahl hergestellt wurde. Der Kupfertiefdruck war diesen Anforderungen nicht gewachsen. Bei Westermann trat ab 1871 der Buchdruck an seine Stelle.

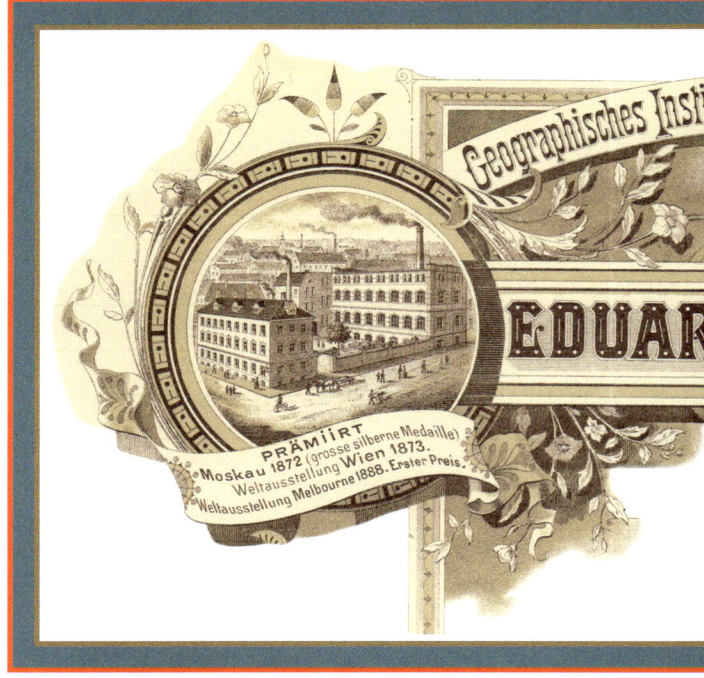

Schon das Firmenschild lässt auf kunstvolles Handwerk schließen: In Gaeblers Betrieb entstanden die Originalsteine und Druckplatten der ersten Diercke-Ausgaben.

»Müde der ewigen Sudeleien«

Schon früh hatte der Verlags- und Druckereigründer George Westermann dafür die Weichen gestellt. An der Herstellung des ersten Westermann-Atlas von 1853, dessen schwarze Linienelemente, Schriftzeichen und Signaturen konventionell in Kupfer bzw. Stahl gestochen waren, störte ihn vor allem eines: das manuelle Auftragen der Farben, was von kleinen Ateliers besorgt wurde. Schon 1854 verzichtete er als einer der ersten deutschen Verleger von Karten auf das an sich billige Handcolorit als »das Unzuverlässigste, dabei Zeitraubendste und Ärgerlichste« ihrer Produktion. Vielmehr wandte er sich dem aufkommenden Steindruck zu, der sich besonders für den Druck von Farbflächen eignete. Westermann kombinierte ihn mit dem Kupferdruck, was auch seine Tücken hatte: Für den Kupfertiefdruck wurde das Papier angefeuchtet, damit es sich besser den in der Metallplatte eingestochenen und mit Druckfarbe gefüllten Bereichen anpassen konnte.

Für die Farblithographie musste das Papier dann getrocknet werden, wobei es einlief, was bei der Herstellung der Farbsteinplatten zu berücksichtigen war. Die auf ihnen angelegten Farbpartien mussten genau auf die dafür vorgesehenen Teile der Karten passen. Ein mühsames Geschäft!

Zudem wurden die Metallplatten vor jedem Druckvorgang leicht erwärmt, dann mit Druckfarbe versehen, die von der nichtdruckenden Fläche sorgfältig abgewischt werden musste. Damit nicht genug: Kupferdruck- und Steindruckpressen liefen noch im Handbetrieb. Dabei gab es eine Alternative: Die Buchdruckschnellpressen wurden bei Westermann bereits ab 1864 von einer Dampfmaschine angetrieben. Es fehlte aber noch das richtige Verfahren, um sie für den Kartendruck einzusetzen.

Karten im Buchdruck: Wie funktionierte das früher?

Die Steindruckerei von Westermann um 1912. Vor dem Auflagendruck entstanden hier die Andrucke der Karten. Auf dem Arbeitstisch links sieht man die Chemikalien für die Steinbehandlung, den Schwamm zum Anfeuchten und die Farbwalze.

Wasser gegen Farbe

Dieses Verfahren lieferte der Kupferstecher, Lithograph und Kartograph Eduard Gaebler aus Leipzig, mit dem man seit Ende der 1860er-Jahre zusammenarbeitete. Er hatte die mit der Lithographie verwandte Technik der Zinkographie mittels eines Hochätzungsprozesses der Zinkplatten für den Buchdruck erschlossen.

Die Basis der Prozedur ist die Lithographie und ihr Prinzip der Unverträglichkeit von Wasser und Fett. Fetthaltiges Material zieht fettige Druckfarbe an, auf feuchten Oberflächen haftet sie nicht.

→ → → Karten im Buchdruck: Wie funktionierte das früher?

Zuerst wurden die Originalsteinplatten, die nicht für den Massendruck gedacht waren, hergestellt. In der Regel brauchte man für eine Karte eine Platte in Schwarz mit Flüssen, Signaturen und Namen, eine Platte mit den braunen Bergschraffen und für jede vorgesehene Farbe eine weitere Platte. Die ebenfalls von Gaebler angefertigten Zeichnungen, die bis auf die Bergschraffen bereits die relevanten Elemente der späteren Karten zeigten, wurden auf transparentes Spezialpapier gepaust. Die spiegelverkehrten Zeichnungen wurden von der linken Seite des Papiers auf fett- und wasserempfindliche Kalkschieferplatten gebracht. Dann wurden sie mit fetthaltiger Tusche nachgezogen oder ganz zart in den Stein graviert und erst danach wurde die Fettfarbe in die Linien gestrichen.

Die Zeichnung musste chemisch fixiert werden, damit sie nicht verwischte. Zudem wurde der Stein mit Säure und Gummi so behandelt, dass die nichtdruckenden Stellen besonders wasseraufnehmend und fettabstoßend, die gezeichneten Bereiche besonders fettanziehend wurden und es auch blieben.

Ein Westermann-Drucker an der Bogenoffsetmaschine beim Befeuchten der eingespannten Bergplatte. Die Zeichnung nimmt die fetthaltige Druckfarbe von den Farbwalzen an, während die zeichnungsfreien Flächen infolge leichter Wasserfeuchtung die Farbe abstoßen.
Die seitenrichtige Reliefdarstellung steht nach dem Umdruck auf ein Gummituch vorübergehend seitenverkehrt, um schließlich wieder richtig auf das Papier gedruckt zu werden.

Zinkographen und Lithographen um 1912.
Am Tisch vorne rechts werden die dünnen Zinkplatten bearbeitet. An ihnen nahm man auch kleine Fehlerkorrekturen vor, um die Originalsteine zu schonen.

Die komplizierte Bergplatte wurde von spezialisierten Bergstechern angefertigt. Es konnte bis zu sechs Monate dauern, bis die Platten für Karten wie die der Alpen schraffiert waren.

Zinkplatten mit Höhen und Tiefen

Die Herstellung der eigentlichen Druckplatten begann mit dem Umdruck der Originalsteine in der Steindruckpresse auf Papier, das mit seiner Fettfarbe auf der Zinkplatte abgezogen wurde. Die Zinkplatte mit der seitenverkehrten Zeichnung durchlief dann einen ähnlichen Prozess wie vorher die Steinplatten, der jedoch durch das Decken der später frei bleibenden Stellen ergänzt wurde. Vor dem Einsatz der Säure mussten alle Bereiche, die nicht weggeätzt werden sollten, geschützt werden. Am Ende wurde die Hochdruckplatte von einem Kupferstecher nachgestochen.

Das Ende der Steinzeit

Bis 1925 blieb es, von kleinen Verbesserungen abgesehen, bei dieser Drucktechnik. Dann traten der Offsetdruck, ein indirektes Flachdruckverfahren, und nach und nach die Positivkopie an ihre Stelle. Die Umstellung des Diercke Weltatlas dauerte rund zehn Jahre, da man seine hohe Druckqualität nicht aufs Spiel setzen wollte. Der Hochätzungsprozess entfiel. Von den Originalsteinen oder den Zinkplatten wurden die Zeichnungen nun seitenrichtig auf eine Platte gebracht, von der sie in der Bogenoffsetmaschine auf ein Gummituch, dann von diesem auf das Papier übertragen wurde. Dieses doppelte Druckverfahren schaltete einen Leerlaufgang aus und machte eine fortlaufende Rotation der Maschine mit höherer Druckleistung möglich.

Ab Mitte der 1930er-Jahre begann man die Originalzeichnungen auf der neuartigen Astralonfolie über fotomechanische Verfahren direkt und seitenrichtig auf den Druckträger zu kopieren. Damit wurden die manuell bearbeiteten Steinplatten und das Umdrucken überflüssig. Kopien des Originals konnten schnell auf andere Folien in beliebiger Anzahl hergestellt werden, was den Korrekturgang deutlich erleichterte und beschleunigte. Besonders für ein Problem brachten die neuen Techniken die Lösung: Die Schummerung, die wegen des Hochätzens nicht den Ansprüchen genügte, erreichte nun den Qualitätsstandard, den man für den Diercke brauchte.

Bei Farbplatten war alles noch komplizierter: Auf ihre zinkographierten Bereiche wurden für die Aufhellung der Farbe Linienraster gezogen. Je nach Anzahl der nötigen Farbnuancen, musste die Platte mehrfach geätzt und wieder gedeckt werden. Für nur eine Farbplatte brauchte man 12 bis 27 Tage. Gedruckt wurde auf Zweifarben-Buchdruckschnellpressen. Alles in allem war dieser langwierige Vorgang jedoch ökonomischer als der Kupferdruck.

Das Klischee für den Buchdruck aus den 1950er-Jahren vermittelt einen Eindruck von dem Aussehen der Zinkplatten der frühen Diercke-Zeit. Sie sind nicht erhalten geblieben und waren noch feiner ausgearbeitet.

Atlasherstellung: Papier

Format, Papier, Umfang

Jeder Buchliebhaber, der große Atlanten sein eigen nennt, kennt das Problem: Sie liegen nicht immer angenehm in der Hand, sondern eher gut auf dem Tisch. Für einen Schulatlas ist das Schön-in-der-Hand-liegen dagegen ein »Muss«. Er wird nicht von Kartenfreunden genossen, sondern ist Arbeitsmaterial für Schüler und Lehrer. Doch nicht nur das Format zählt. Daneben entscheiden auch die Qualität des Papiers und der Seitenumfang, was als schön empfunden wird.

Mit Blick auf den Diercke Weltatlas bestimmen die Stichworte handliches Format, Volumenpapier und seit 2008 Papier aus nachhaltiger Holzwirtschaft das Handeln im Hause Westermann.

Leichter als andere

Das Format des Diercke Weltatlas hat sich aus der Wechselbeziehung zwischen den technischen Bedingungen und den Anforderungen der Schule entwickelt. Die aktuelle Größe gewährleistet noch genügend Raum zum Arbeiten auf den Schultischen und passt gut in den Schulranzen oder den Rucksack. Sie ist dennoch so großzügig angelegt, um die Vorteile großer Karten zur Entfaltung zu bringen.

Was machen Sie, damit

Ein langer Produktionsweg

Für Bücher mit vielen Seiten bringt Volumenpapier im wahrsten Sinne des Wortes eine Erleichterung. Während die Qualität und die Griffigkeit bei der Innovation erhalten bleiben, ist das Gewicht vergleichsweise gering. Bevor das Papier die Hände der Leser erreicht, sind zahlreiche Arbeitsschritte notwendig: Das Bild zeigt die Siebpartie einer Papiermaschine der schweizerischen Papierfabrik m-real Biberist. Bei dieser Station ist der Zellstoff noch flüssig, in der Maschine wird er dann entwässert.

Das enge Zusammenspiel von Papier und Format macht es möglich, dass das Gewicht des Diercke im Vergleich zu Atlanten mit gleicher Seitenzahl deutlich niedriger ausfällt. Dafür ist vor allem das speziell für den Diercke entwickelte Atlantenpapier mit Volumen verantwortlich. Gegenüber normalem Papier hat dieses Papier eine höhere Blattstärke.

der Atlas handlicher wird?

Die Umweltkonferenz von Rio als Maßstab

Diercke-Papier ist ein natürliches Produkt, dessen Eigenschaften kontinuierlich verbessert werden. Mit Blick auf die globale Debatte zum Thema Nachhaltigkeit und aus Verantwortung für nachfolgende Generationen wurden deshalb Zertifizierungssysteme nach den Maßstäben der Nachhaltigkeit initiiert. Sie basieren auf den Beschlüssen der Nachfolgekonferenzen der Umweltkonferenz von Rio (1992). Am meisten verbreitet sind die Systeme von FSC (Forest Stewardship Council) und PEFC (Programme for the Endorsement of Forest Certification Schemes).

Dank seines 10 Prozent höheren Volumens ist das Papier des Diercke 12 - 15 Prozent leichter als das übliche Papier vergleichbarer Qualität. Die Griffigkeit und bessere Stabilität des Volumenpapiers wird über das »Aufblasen des Papiers« erreicht. Seine gestrichene matte Oberfläche sorgt außerdem dafür, dass sich bei der Kartenarbeit im Klassenzimmer nicht das Oberlicht auf den Seiten spiegelt. Übrigens: Auch für das vorliegende Buch wurde das Diercke Atlantenpapier mit Volumen verwendet.

Bei der Zertifizierung werden ökonomische, ökologische und soziale Standards der Waldbewirtschaftung berücksichtigt. Das bedeutet u. a., dass es keine Kahlschläge geben darf, Pflanzenschutzmittel nur in Ausnahmefällen zugelassen sind, Maschinen nur bestimmte Wege nutzen dürfen, Totholz als Lebensraum erhalten bleiben muss und gentechnisch veränderte Pflanzen oder Tiere tabu sind. Die Unternehmen, die an der Weiterverarbeitung beteiligt sind, verpflichten sich ebenfalls dazu die geforderten Standards einzuhalten. Somit entsteht eine lückenlose Zertifizierungskette, die von der Holznutzung über die Papierherstellung und den Großhandel bis zum fertigen Druckprodukt reicht. Bis zum Jahr 2007 wurden weltweit bereits über 260 Millionen Hektar Wald zertifiziert. Nur Holz aus diesen Wäldern wird für die Herstellung von Diercke Atlantenpapier mit Volumen verwendet. Auch in diesem Zusammenhang setzt der Weltatlas aus dem Hause Westermann also Maßstäbe.

In einem zertifizierten Nutzwald finden sich keine Monokulturen oder Kahlschläge, sondern eine natürlich anmutende Waldlandschaft. Totholz wird erhalten, Forstmaschinen nutzen ausgewiesene Gassen.

Kartographie: Der Computer

In Magazinen, Tageszeitungen, ja selbst Werbebroschüren sind Karten heute selbstverständlicher, als dies früher der Fall war. Kein Wunder, denn wo noch vor zwei Jahrzehnten handwerkliches Geschick gefragt war, erleichtert längst digitale Technik die Arbeit. In dieser schnelllebigen Zeit mag es überraschen, dass die Neubearbeitung 2008 des Diercke Weltatlas die erste Ausgabe ist, die komplett am Computer erstellt wurde. Zwar war bereits für die Vorläufer ein hoher Anteil der Karten mit Grafiksoftware gestaltet worden. Doch es gab immer noch zahlreiche großformatige Karten, die herkömmlich erstellt waren und nur auf Negativ- und Druckfilmen vorlagen.

Die Astralonzeit

Die Mühen waren entsprechend groß: Um in einer komplexen Wirtschaftskarte ein einziges Bergbauzeichen nur einen halben Zentimeter zu versetzen, mussten die Filme für jede einzelne Farbe bearbeitet, Aussparungen in Negativen retuschiert und oft auch Schriften neu gesetzt und einzeln aufgeklebt werden. Zieh- und Schneidfedern, Tusche, Lacke, Kleber, großformatige Astralonfolien und Filmschnipsel waren dabei im Spiel.

Von Astralon spricht heute niemand mehr und die Korrektur ist in Windeseile erledigt. Jede Kartendatei enthält verschiedene Inhaltsebenen, die alle einzeln verwaltet werden.

Anders als früher braucht sich also niemand mehr Gedanken darüber zu machen, ob die verschobene Signatur eine Lücke in der Karte hinterlässt. So können Redakteure und Kartographen schneller auf Veränderungen reagieren.

Karten machen erfordert Akkuratesse – beim manuellen Entwurf wie auch am Computer

Können sich die Kartographen über die »digitale

Kartographensaal um 1950: Konzentrierte Handarbeit und so viel Tageslicht wie möglich

Als Devise galt: Thematische Karten dürfen nur dann digital gefertigt werden, wenn die grafische Qualität nicht hinter der von analogen Karten zurückbleibt.

Umzug in die digitale Welt

Nach rund einem Jahrzehnt Erfahrung investierte der Verlag in ein Kartographisches Informationssystem, um komplexe Karten nachführen und pflegen zu können. In diesem für die Westermann-Schulkartographie maßgeschneiderten Geoinformationssystem sind alle Flächen, Linienverläufe und Punkte mit ihren Koordinaten niedergelegt. So ist gewährleistet, dass ein Ort in allen Karten in gleicher Ortsgröße und in derselben Schreibweise gezeigt wird. Über Kartenschnitte, Inhaltsdichte und Maßstäbe kann nun freier als zuvor verfügt werden.

Nachdem alle Karten in die digitale Welt »umgezogen« sind, konnte das Archiv an Entwurfsunterlagen, Negativen, Filmen und Farbauszügen deutlich verkleinert werden.

Aktuelle Details können umgehend und zum nächsten Nachdruck der Atlanten nachgetragen werden, die Kartenproduktion hat sich entsprechend beschleunigt. Dass die Vorteile des digitalen Arbeitens erst mit der Neuausgabe 2008 des Diercke Weltatlas voll zum Tragen kommen, liegt in den hohen Anforderungen der Atlaskarten an die Computerausstattung. Mehrere Dutzend Vektorebenen mit Küsten, Straßen, Grenzen und anderen Linien werden mit Rasterinhalten wie der Schummerung der Bergländer kombiniert. Das führt zu riesigen Dateien, die fehlerfrei und mit vielen Finessen auf Druckfilmen ausgegeben sein wollen. Die 460 Karten des neuen Diercke Weltatlas benötigen über 50 Gigabyte Speicherplatz und würden die Festplatte eines älteren Rechners überlaufen lassen.

Revolution« freuen?

Unter Vorbehalt

Computer gibt es bereits seit 1990 in der Kartographie des Westermann Verlags. Seit dieser Zeit arbeitet man dort mit den jeweils neuesten Grafikrechnern und anspruchsvollen Zeichenprogrammen. Zunächst taugte die Ausstattung nur für einfache statistische Karten, die zeitgemäß holprig anmuteten. Doch schnell erarbeiteten sich die Kartographen Kniffe, um auch komplexere Karten am Computer zu fertigen, denen man ihre Herkunft nicht mehr so leicht ansah.

Atlasherstellung: Der Ablauf

Von der ersten Idee bis zur Auslieferung

Wer den Diercke Weltatlas mit seinen auf die Bildungspläne aller Bundesländer abgestimmten Karten in Händen hält, wird kaum je darüber nachdenken, welche Stationen das Werk durchläuft, bis es in den Schulen landet. Dabei sind viele Entwicklungsschritte erforderlich und wie bei einem Uhrwerk greift ein Zahnrad ins andere: Kartenredaktion, externe Berater und Autoren, Kartographen, Produktmanager, Druckerei und Außendienst arbeiten von der Entwicklung bis zur Auslieferung eng zusammen.

Welchen Weg nimmt der Diercke, bis er in der Schule landet?

Ein Atlas für alle

Die Kartenredaktion begleitet den Atlas von Anfang an und ist maßgeblich für seinen Aufbau verantwortlich. Sie berät sich mit einem ausgewählten Fachgremium, das sich aus Vertretern der Bundesländer zusammensetzt, da der Diercke anders als die meisten Schulbücher ohne Regionalisierung bundesweit verkauft wird. Um allen Ansprüchen genügen zu können, muss der Diercke ein Alleskönner sein. Er muss sowohl den heimatkundlichen Ansprüchen der Schleswig-Holsteiner genügen, die in der 5. Klasse die eiszeitliche Überprägung ihres Heimatlandes und den Hamburger Hafen behandeln, als auch denen der Bayern, deren heimatkundliche Schwerpunkte u. a. auf der Entstehung der Alpen und iher Landeshauptstadt München liegen.

Alle Karten sollen so konzipiert sein, dass sie auch in der Sekundarstufe II bis hin zum Abitur verwendet werden können, denn dann könnte Hamburg unter der Überschrift »Erschließung neuer urbaner Räume am Beispiel der Hafencity« auch im Geographieunterricht Münchener Schüler auf dem Stundenplan stehen. Außerdem müssen aktuelle Themen wie die Globalisierung und Nachhaltigkeit in neuen Fallbeispielen

*Der erste Schritt:
Das Konzept wird mit den Atlasberatern besprochen...*

Aufwändige Recherche und Kommunikation

Ist eine Konzeption erstellt, die alle Themenwünsche in logischer Abfolge, mit leicht vergleichbaren Maßstäben und auf einer vertretbaren Seitenzahl berücksichtigt, beginnt die Datenrecherche bei öffentlichen Institutionen, Organisationen und Verbänden. Vor allem die Zusammenarbeit mit externen Fachautoren und Wissenschaftlern ist nun gefragt. Im Zentrum des Kommunikationsnetzes steht die Kartenredaktion, bei der alle Fäden zusammenlaufen. Insgesamt müssen an die 460 Karten recherchiert, aktualisiert und zum großen Teil neu konzipiert werden.

... dann beginnt das Datensammeln in der Redaktion.

Nach Abschluss der Recherchen entwickelt die Kartenredaktion im Austausch mit den Kartenautoren eine schlüssige, nach didaktischen Gesichtspunkten aufgebaute Legende. Sie ist das zentrale Element jeder Karte, über das im Unterricht die Inhalte erarbeitet werden. Schließlich entwerfen und digitalisieren Kartographen die Karte. Dass die Karten von den Fachautoren gegengelesen und bei Bedarf korrigiert werden, gehört beim Diercke zum Qualitätsstandard.

berücksichtigt werden.
Es ist eine große Herausforderung, diesen unterschiedlichen Ansprüchen mit nur einem Atlas gerecht zu werden, zumal er auch in Seitenzahl und Gewicht nicht den Rahmen sprengen darf, da er von den Schülern auch getragen werden muss.

→ → → Welchen Weg nimmt der Diercke, ...

Kein Verkauf ohne gutes Management

Parallel zur Entwicklung des Atlas wird das Produktmanagement in die Planung einbezogen, da rechtzeitig die Werbung bedacht werden muss. Schließlich nützt das beste Produkt nichts, wenn der Kunde nichts von ihm erfährt.
Das Produktmanagement kümmert sich u. a. um Zeitschriften- und Briefwerbung, entwirft einen Teilvorabdruck des Atlas und organisiert Informationsveranstaltungen. Ziel ist es, möglichst viele zukünftige Nutzer frühzeitig zu erreichen und auf das neue Produkt neugierig zu machen.

Eine Tasse mit dem Diercke-Schmetterling oder ein Pastillendöschen: vielseitig ist die Palette an Werbemitteln, die das Erscheinungsbild des Produktes unterstützen.

Bevor der Atlas gedruckt und verkauft werden kann, wird er in den Kultusministerien der Länder zur Genehmigung vorgelegt. Durch diese gesetzliche Vorgabe stellen die Länder sicher, dass ein Schulbuch die landeseigenen Bildungspläne erfüllt. Nach der Begutachtung und Genehmigung findet die Endredaktion statt, bei der Änderungswünsche von Gutachtern berücksichtigt und abschließende Aktualisierungen eingearbeitet werden können. Erst dann wird der Atlas gedruckt.

Die Neugier für einen neuen Diercke zu wecken, ist Aufgabe des Produktmanagements.

Atlas und Außenwelt

Nun sind weitere Zahnräder im Getriebe der Atlaserstellung gefragt, um den Diercke erfolgreich an die Schulen zu bringen. Zum einen sind dies die Mitarbeiter des Außendienstes. Sie werden über die inhaltlichen Neuerungen geschult und informiert, um so den Lehrern den Atlas vorstellen und die Innovationen vermitteln zu können.

Zum anderen sind es Atlasautoren und Geographiedidaktiker, die eng mit dem Diercke verbunden sind und auf Vortragsreisen den neuen Atlas präsentieren und Anregungen zur Arbeit mit ihm geben.

Nach diesem langen Weg von der Idee bis zur Fertigstellung kann schließlich in den Lehrerfachkonferenzen die Anschaffung des Atlas beraten und beschlossen werden. Am Ende halten dann die Schüler der 5. Klassen den Diercke in den Händen, egal ob sie in Kiel, Dresden oder München wohnen. Im besten Fall wird er sie bis zum Abitur begleiten. Zumeist ist der Diercke das einzige Erinnerungsstück an die Schulzeit, dem die Ehre zuteil wird, auch nach dem Abitur noch im heimischen Regal zu stehen. Welches andere Schulbuch hat schon ein so langes Leben?

Ein neuer Diercke Weltatlas ... viele Stationen hat er durchlaufen, gab Anlass zu Diskussionen, musste diverse Prüfungen überstehen, bis er in den Handel und die Schulen kommt.

Meilenstein: Diercke 1895

Des Kaisers Reisen

Helmut Kohl entspannte am Wolfgangsee, Gerhard Schröder schon mal im italienischen Positano und »La Merkel« – so die Bild Zeitung 2007 – auf dem sonnigen Ischia. Die Urlaubsorte der Regierenden helfen das sommerliche Nachrichtenloch zu stopfen. Einen Eintrag in den Atlas sind sie deshalb nicht wert. Zu Kaisers Zeiten war das anders. 1905 notierte Carl Diercke: »Die Reise seiner Majestät des Kaisers nach dem Mittelmeer hat das kleine Städtchen Taormina am Fuß des Ätna wieder in aller Leute Mund und Erinnerung gebracht.« Das bisher in seinem Atlas fehlende Örtchen wurde damit atlaswürdig und nachgetragen. Ebenso behandelt wurde die bekannte, eigentlich »für den Schulunterricht höchst gleichgültige« Villa Carlotta am Comer See. Einst Eigentum der Hohenzollern wurde auch sie häufig mit der Kaiserfamilie in Verbindung gebracht. Glücklicherweise passten die neuen Einträge problemlos auf die Karten, sodass Dierckes Grundsatz, den Schülern möglichst wenige, gut lesbare Namen zu geben, nicht in Widerstreit mit der gebotenen Kaisertreue geriet.

> »Aus dem Deutschen Reich ist ein Weltreich geworden. Überall in fernen Teilen der Erde wohnen Tausende unserer Landsleute. Deutsche Güter, deutsches Wissen, deutsche Betriebsamkeit gehen über den Ozean. Nach Tausenden von Millionen beziffern sich die Werte, die Deutschland auf der See fahren hat. An Sie, meine Herren, tritt die erste Pflicht heran, Mir zu helfen, dieses größere Deutsche Reich auch fest an unser heimisches zu gliedern.«

Aus der Tischrede Wilhelms II. zum 25-jährigen Jubiläum der Proklamation Wilhelms I. zum Deutschen Kaiser in Versailles

Persönliche Urlaubsgrüße vom Kaiser? Nein – auf dieser Propagandapostkarte ruft Kaiser Wilhelm zur See.

Was hatte Kaiser Wilhelm II.

»Schlag zu mit Diercke«

Die Wilhelminische Epoche hatte noch viel weiter reichende Konsequenzen für den Diercke. Aus dem rund 700 Gramm leichten Erstling von 1883 wurde das an die 1,3 Kilo wiegende Schwergewicht von Atlas, das der mündlichen Überlieferung zu Folge »Schlag nach bei Duden, schlag zu mit Diercke« auch außerhalb des Unterrichts zum Einsatz kam. Der Umfang war 1895 nahezu verdoppelt und das fast quadratische, weder auf Schulbänke noch in Ranzen passende Format handlicher gemacht worden.

Vaterland und Weltpolitik

Der Geographieunterricht sah sich mit einer Reihe neuer »moderner« Themenkreise konfrontiert. »Vaterländische« Erdkunde für »nationale junge Deutsche« sollte er sein, technische wie wirtschaftliche Leistungen der Deutschen im In- und Ausland gebührend würdigen, sich mehr in den Dienst des praktischen Nutzens und der Gegenwart stellen. Das Deutsche Reich betrieb, ganz der machtpolitischen Logik der Zeit folgend, offensiv Weltpolitik. Kolonien und die Schlachtflotte sollten den Anspruch auf Weltgeltung untermauern. Weltwirtschaft, Weltverkehr, Welthandel, die konkurrierenden Weltmächte – das alles wurde an die Geographie herangetragen. Der Diercke Atlas war zu klein geworden für das weltumspannende Informationsbedürfnis. Aus den ursprünglich 192 Karten wurden über 315.
Die deutschen Schutzgebiete in Afrika, in China und schließlich in Ozeanien erhielten ebenso gesonderte Karten wie die Regionen kolonialer Interessengegensätze.
Karten zu Wirtschaftsthemen, Völkern und Bevölkerungsdichten wurden weltweit gestreut. Erweiterte Kartenschnitte gaben über die Beziehungen der Staaten Auskunft und sollten den Schülern helfen, die Dinge auch aus der Perspektive eines fremden Staats zu betrachten. Die neuere »vaterländische« Geschichte konnte an Karten der Kriegsschauplätze seit 1813/14 erarbeitet werden. Der Anteil der Deutschlandkarten stieg leicht von 18 % auf 21 % und die Verbreitung von Deutschen im Ausland fand entsprechende Darstellungen.

Neue angewandte Verkehrskarten im Diercke: Berlin – Paris in 19 Stunden, Berlin – Moskau in 44 Stunden

Diercke Weltatlas zu tun?

mit dem

»Seefahrt tut not« Das war auch der Tenor eines Atlas für Volkswirtschaft, herausgegeben vom Deutschen Flottenverein.

Der Diercke wurde politischer, aber kein politischer Atlas. Die Zahl der physischen Nebenkarten wurde zwar leicht beschnitten, was aber mit neuen Karten zu Geologie, Klima und Vegetation ausgeglichen wurde. Entstanden war die große Ausgabe des Diercke, die alle von der Schule nachgefragten Themen abdeckte.

Zeitfenster: Weimarer Republik

»Nationale Notwendigkeit und Pflicht ...«

Die Waffenstillstandsbedingungen für das Deutsche Reich vom 11. November 1918 »sprachen erbarmungslos die Sprache der Niederlage; so erbarmungslos, wie die Heeresberichte immer nur von feindlichen Niederlagen gesprochen hatten. Daß es so etwas auch für ›uns‹ geben konnte [...] – mein Kopf fasste es nicht.« Sebastian Haffner beschrieb in seinen Erinnerungen 1914–1933 das abrupte Ende der Illusionen von einem deutschen »Siegfrieden«, die viele Deutsche mit ihm geteilt hatten. Die Revolutionsereignisse des selben Jahres und der im Juni 1919 unterzeichnete Friedensvertrag von Versailles markierten endgültig eine Zäsur in der deutschen Geschichte.

Bedeutete die Weimarer Republik eine

Afrika – Staatenkarte 1922: Die Grenze ist die alte geblieben, die Flächenfarbe jedoch zeigt britisches Gebiet.

Den Umwälzungen der Nachkriegszeit zum Trotz: Das Konzept und die Kartenauswahl des Diercke blieben bis 1925 unverändert. Weder aus den Reihen der Schulgeographen noch seitens der Kultusministerien kamen Äußerungen, die in eine neue Richtung wiesen.
Im Gegenteil: Karten für die Schule hatten die abgetretenen Gebiete und die alten Grenzen des Deutschen Reiches zu kennzeichnen. Ähnliches verabschiedete 1921 der deutsche Geographentag in Leipzig: Er erklärte es als »*nationale Notwendigkeit und Pflicht, daß bei den dem Deutschen Reich durch den Vertrag von Versailles entrissenen Gebieten, einschließlich der Kolonien, ihr Zusammenhang mit dem Deutschtum in Atlanten und Kartenwerken deutlich erkennbar bleibt.*«

Europa – Staatenkarte 1922: (Vergrößerung) Der ehemalige Grenzverlauf des Deutschen Reichs in Rot. Elsass Lothringen, ein Teil von Polen, Dänemark und Litauen sind davon umschlossen. Die gestrichelte Nachkriegsgrenze wirkt dagegen unauffälliger...

Auf den politischen Karten wurden die abgetretenen Gebiete durch einen Wechsel der Flächenfarbe und in großformatigen Darstellungen durch breite, jedoch schwach kolorierte Grenzsäume von dem Staatsgebiet der Republik gelöst.
Gleichzeitig zeigte die durchgezogene rote Grenze ein intaktes Kaiserreich.
Auf den Wirtschaftskarten war dagegen das verkleinerte Reichsgebiet deutlicher, der alte Grenzverlauf kaum zu erkennen.

... Auf anderen Karten wurde der politische Nachkriegszustand stärker betont.

Zäsur für den Diercke?

Neue und alte Grenzen

Überarbeitungsbedarf gab es damit nach Inkrafttreten des Versailler Vertrags im Januar 1920 für die Karten, auf denen Grenzverläufe zu korrigieren oder neu einzutragen und politische Flächenfarben zu verändern waren. Die Karten der Kolonialgebiete blieben erhalten, auch wenn Grenzen und Schutzgebiete als »ehemalig« ausgewiesen wurden. Das Deutsche Reich erhielt zwei Grenzen unterschiedlicher, aber nicht durchgängig gleicher Wertigkeit.
Auf den physischen Karten markierte eine rote Linie die Nachkriegsgrenzen und eine gestrichelte Linie die Grenzen von 1914.

Industrie statt Waterloo

Auch die Richtlinien und Lehrpläne für den Geographieunterricht ab Mitte der 1920er-Jahre führten nur zu moderaten Änderungen, obwohl die Geographie zu einem Kernfach im Rahmen der Deutsch- und Staatsbürgerkunde aufgewertet wurde. Sie fand nun, wenn auch nur einstündig, Eingang in die gesamte Oberstufe.
Die Lehrpläne der Weimarer Zeit knüpften zwar an die des Kaiserreiches an. Sie verschoben aber die Akzente auf das sogenannte »Grenz- und Auslandsdeutschtum« und die

→ → → Bedeutete die Weimarer Republik...

politische Geographie, die tendenziell auf die Revision des Versailler Vertrags abzielte. Sie führten auch erstmals den Rassebegriff ein. Daneben nahm die Weltwirtschaft, besonders in der Oberstufe, eine zentrale Rolle ein.

Anders als in der wilhelminischen Zeit öffnete sich der Diercke in den Ausgaben zwischen 1926 und 1932 nur einigen der neuen Schwerpunkte. Die »Deutschtums«-Karten wurden nicht vermehrt, eine quantifizierte Weltkarte über die Verbreitung der Deutschen ersetzte eine ältere Version. Geopolitisches wie scheinbar »naturwidrige« Grenzverläufe wurde ebenso wenig mit Sonderkarten bedacht wie die Rassenlehre.

Vor allem die wirtschafts- und kulturgeographischen Erdkarten wurden verbessert und differenzierter dargestellt. Zudem traten Industriebezirke an die Stelle historischer Schlachtfelder und verlorener Gebiete: Die Nebenkarten Waterloo in Belgien, lothringisches Metz und elsässisches Weißenburg verschwanden aus dem Atlas.

Ein Teil der neuen Karten waren den nach dem Krieg entstandenen Staaten gewidmet wie etwa Polen und den Baltenländern oder neuen Hauptstädten wie Belgrad und Prag.

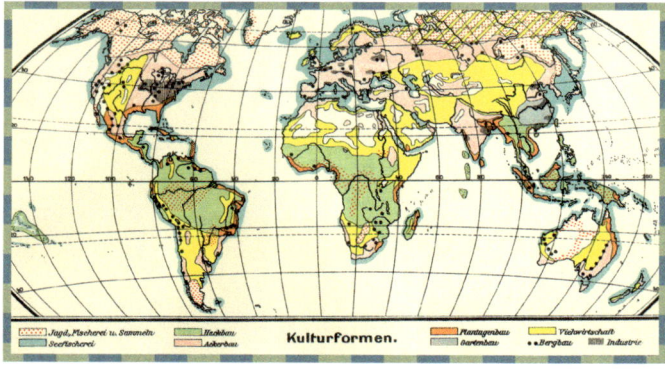
Im Zentrum der Neubearbeitung: Die Weltkarten

Dem Absatz des Diercke Weltatlas schadete diese Zurückhaltung keineswegs. Nach Erscheinen der großen Ausgabe von 1895 waren die Verkaufszahlen von jährlich 20.000 auf über 50.000 in den Jahren 1906 bis 1914 hochgeschnellt. Während der »Goldenen Zwanzigerjahre«, der Zeit der Hochkonjunktur zwischen 1924 und 1928, kletterten sie auf 80.000 bis 100.000, was nach der Weltwirtschaftskrise erst wieder 1950 erreicht wurde.

Deutsch oder Polnisch?

Mitten in der Zeit der Absatzerfolge häuften sich Klagen über eine Völkerkarte von Mitteleuropa: Die Darstellung der polnischen und deutschen Bevölkerungsanteile widerspreche »dem Geist« der für das Deutsche Reich ausgefallenen Volksabstimmung im südlichen Ostpreußen und sanktioniere nachträglich das abzulehnende »Völkerratsdiktat«, das zu der Teilung Oberschlesiens geführt hatte.

Dort hatten die Stadtbewohner für das Deutsche Reich, die ländliche Bevölkerung für Polen votiert. Bei der Karte handelte es sich nicht um eine Umsetzung der Abstimmungsergebnisse, sondern um eine auf der Verteilung von Sprachen und Sprachfamilien basierende Völkerkarte. Ganz wissenschaftlich folgte sie statistischen Daten und dem Forschungsstand der Linguistik.

Demnach sprach in den betroffenen Gebieten die Mehrheit oder doch ein starker Anteil der Bevölkerung Polnisch beziehungsweise eine dem Polnischen nah verwandte Sprache. Die Bemühungen des Verlages, die Kritiker von der Richtigkeit der Karte zu überzeugen, blieben erfolglos.

Um weiteren, auch von nationalistisch-völkischen Verbänden vorgebrachten Beschwerden zu entgehen, entschied man sich 1926 für eine noch stärker generalisierte Lösung: Die in Grün gehaltenen Sprachgebiete der Masuren in Ostpreußen, der Kaschuben im polnischen Korridor und der oberschlesischen »Wasserpolen« wurden in der Farbe von Polen unterschieden. Sie erhielten auf der Völkerkarte des Deutschen Reiches einschließlich der rosa markierten deutschen Sprachgebiete Aufdrucke von Punkten und Strichen in kräftigem Rot.

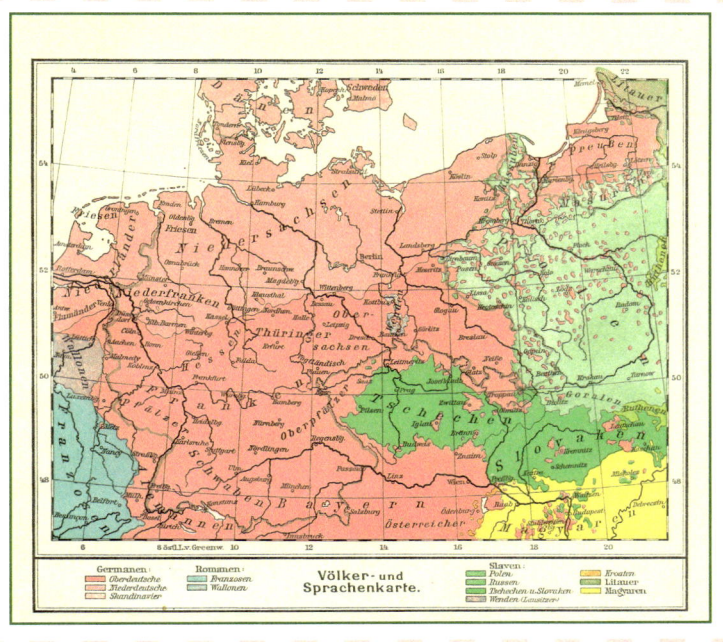

Die Völker- und Sprachenkarte des Deutschen Reiches aus dem Jahre 1925 ...

... und aus dem Jahre 1926

Auf den ersten Blick sehen die Karten gleich aus. Jedoch sind in West- und Ostpreußen wie in Schlesien die Gebiete der polnischen Sprachfamilie 1926 nicht mehr klar zu erkennen.

Damit blieben sie sprachliche Mischgebiete, waren nun aber ohne klare Aussage über die Stärke des polnischen Anteils. Die Völkerkarte von Polen zeigte gleichzeitig ein deutsches Masuren, während die Gebiete der polnischen Sprachfamilie wie bisher in Oberschlesien und Westpreußen dominierten. Wenn auch zögerlich, passte sich der Diercke damit einer Entwicklung an, die Mitte der 1920er-Jahre begann. Karten wurden zu Instrumenten der lauter werdenden Revisionsansprüche.

Einflussreiche Geographen und Verbände stellten dafür ein ganzes Arsenal neuer Kartentypen zur Verfügung. Einige von ihnen suggerierten für die abgetretenen Reichsteile mit Blick auf das Selbstbestimmungsrecht der Völker eine deutsche Mehrheit oder sogar Homogenität. Völkerkarten wurden »deutscher«, was im »Dritten Reich« seinen Höhepunkt erreichen sollte.

Zeitfenster: 1934 – 1942

Auf den ersten Blick

Der Gesamteindruck des Diercke blieb zwischen 1934 und 1944 der bis dahin gewohnte. Die Machtübernahme durch die NSDAP änderte daran nichts. Der Westermann Verlag hatte zwar 1932 eine komplette Neubearbeitung ins Auge gefasst, diese aber 1933 in der Erwartung veränderter Richtlinien und Lehrpläne ausgesetzt.

Paul Diercke, der wissenschaftliche Bearbeiter des Atlas, zog das Fazit nicht ganz zwei Jahre nach der »Machtergreifung«: »Der Umschwung in der Auffassung des Volkstums und der Rassenkunde erfordert nunmehr auch eine wesentlich eingehendere Darstellung dieser Gesichtspunkte.« Doch gab es ein Problem: Volkstums- und Rassenkarten fehlte die solide wissenschaftliche Basis.
Für Erstere lagen keine vom neuen Regime bestätigte

Welche Spuren hinterließ das »Dritte Reich« im

Als diese 1938 vorlagen, war an die zeitaufwändige Bearbeitung des Diercke nicht mehr zu denken. Die Gebietsveränderungen im Vorfeld des Krieges, dann der Krieg selbst führten zu häufigen Kartenrevisionen an den zahlreichen Atlanten und Wandkarten des Verlages. Zudem gab es seit 1937 vordringlichere Arbeiten: Für die Wehrmacht waren kartographische Aufträge zu erledigen und das Reichserziehungsministerium verlangte die Einreichung neu geschaffener Volksschulatlanten, denen es den Vorrang vor neuen Kartenwerken für die höheren Schulen gegeben hatte. Schließlich verzichtete das Ministerium 1941 auf die Vorlage der Atlanten für höhere Schulen während des Krieges.

*Ein weiteres Problem und seine Lösung:
Welche Staatsform hatte der sich abzeichnende »Führerstaat«? Die Weimarer Verfassung bestand formal weiter. (Weltkarte von 1934)*

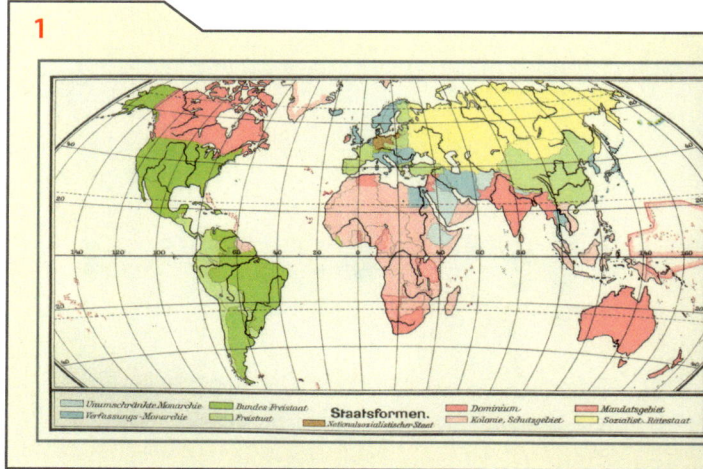

»Heikle Fragen«

Der Diercke wurde also nicht systematisch an die Fachlehrpläne angepasst. Dennoch sorgte eine Reihe neuer oder veränderter Karten zwischen 1934 und 1937 noch vor Erscheinen der Richtlinien für die zunehmende Konformität mit einigen Kernstücken der NS-Ideologie. Lehrer- und Geographentagungen wie Ministerialerlasse von 1933 bis 1935 wiesen die Richtung, die einzuschlagen war.

Zahlen vor und die Rassenforschung war in den »engen Grenzen des Erkenntnisstandes«, so ein Diercke-Mitarbeiter, steckengeblieben. Die Redaktion griff daher auf Darstellungen bekannter Forscher zurück, die die Zensurstellen passiert hatten. Sie entschied: »Wenn schon für derartig heikle Fragen amtliches oder halbamtliches Material vorhanden ist, muß dieses bei den heutigen Verhältnissen unter allen Umständen, d. h., einerlei ob man sie persönlich für richtig hält oder nicht, benutzt werden.«

Rückversicherung

Rückversicherung boten Professor Hans Friedrich Karl Günther, bekannt auch als »Rassengünther«, mit seiner 1930 veröffentlichten diffusen »Darstellung der Gebiete vermeintlich stärksten Vorwiegens einzelner Rassen« in Europa und die Rassenkarte des Deutschen Reiches von Professor Otto Reche, Direktor des Instituts für Rassen- und Völkerkunde an der Universität Leipzig. Die »Erkenntnisse« Günthers übertrug man 1935 in Form eines einfachen Linienüberdrucks auf die vorhandene Völkerkarte von Europa. Reches Karte von 1935 zeigte das von den Schulbehörden geforderte »nordisch bestimmte Rassengemisch des heutigen deutschen Volkes«.

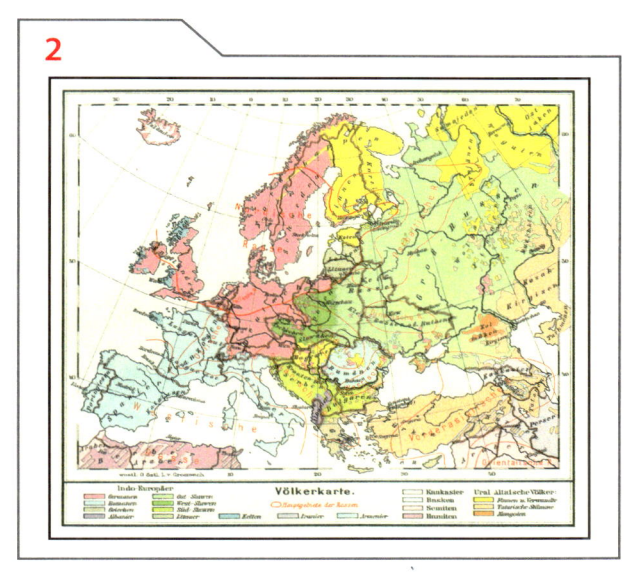

2

Diercke Weltatlas?

3

Sie wurde leicht modifiziert einem Anhang von drei Seiten beigefügt, in dem 1936 u. a. die neun neuen Darstellungen zum deutschen »Volkstum« konzentriert waren, darunter auch »Stämme und Volksgruppen« des Philologen Dr. Paul Zaunert. Schließlich griff man auf eine Version der von dem bekannten Geographen Albrecht Penck 1925 entwickelten und vor 1933 bereits populären Volks- und Kulturbodenkarte von Mitteleuropa zurück. Penck umging das die Revisionsansprüche störende Problem der ethnisch-sprachlichen Mischgebiete. Seine Karte zeigte einfach den unterschiedlichen Grad des angeblich landschaftsprägenden Einflusses von »deutscher Kulturüberlegenheit«. Bis Ende der 1920er-Jahre war der Begriff Kultureinfluss (»Kulturboden«) so weit gefasst worden, dass sich scheinbar deutsch dominierte Gebiete über die abgetretenen Landesteile und Polen hinaus bis in die Sowjetunion hinein erstreckten.

»Versailles ist tot«

Das war die Quintessenz eines Richtlinienpapiers für die Verleger von Geographieschulbüchern, im November 1938 verfasst von Reichserziehungsministerium und »Parteiamtlicher Prüfungskommission zum Schutz des NS-Schrifttums« (PPK). Die PPK überwachte auch die Linientreue der Schulbücher. Mit der Errichtung des sogenannten Großdeutschen Reiches im Zuge des »Anschlusses« von Österreich und der erzwungenen Eingliederung des Sudetenlandes war eine der zentralen Revisionsforderungen nach dem Friedensvertrag von Versailles erfüllt. Gleichzeitig wurde damit auch die Phase der gewaltsamen Expansion jenseits der Reichsgrenzen von 1914 eingeleitet. Für die Schulkartographie hatte das in mehr als einer Hinsicht Konsequenzen. Eine wie auch immer geartete Differen-

→ → → Welche Spuren hinterließ das »Dritte Reich« ...

zierung des deutschen Volkes widersprach nun der viel beschworenen vom »Führer« geeinten und für den Krieg benötigten »Volksgemeinschaft«: Rassenkarten wurden Anfang 1939 in Volksschulatlanten verboten, für höhere Schulen nur die Darstellung von »Rassengünther« zugelassen, dann 1941 endgültig verboten. Das Aus für Volkstumskarten des Deutschen Reiches kam 1942.

Weiterhin störten jetzt Karten, aus denen deutsche Ansprüche auf Gebiete jenseits des »Großdeutschen Reiches« abgeleitet werden konnten. Die Kriegsplanung hatte bis zum Frühjahr 1939 noch verschiedene Optionen und damit potenzielle Bündnispartner wie Polen im Visier und wurde von lautstarker Friedenspropaganda flankiert. Der Begriff »Kulturboden« sollte daher vermieden werden. Es war von dem »geschlossenen deutschen Volksboden« auszugehen. Schließlich waren nach Kriegsbeginn Völkerkarten, die farblich größere Völkergemeinschaften auf der Basis von Sprachfamilien bildeten, nicht mehr opportun: »Was politisch voneinander getrennt ist, darf nicht dieselbe Flächenfarbe erhalten! (...) Der politische Befund muß ins Auge springen!« Das hielten Leitsätze des Reichserziehungsministeriums für Volksschulatlanten fest.

Ersatzlos gestrichen

Die Anweisungen hinterließen im Diercke, wenn auch z. T. in zeitlichem Abstand, ihre Spuren. Die Atlaskarten zeigten das Deutsche Reich ab 1938 in einheitlich kräftigem Rosa. Die zuvor gut erkennbaren alten Grenzen waren nur angedeutet und entfielen 1939 endgültig.

Aus den Karten verschwanden die Minderheiten innerhalb der »großdeutschen« Grenzen nach und nach bis 1940. 1942 wurden die Rassen- und Volkstumskarten nach Günther, Reche, Zaunert und Penck ersatzlos gestrichen.

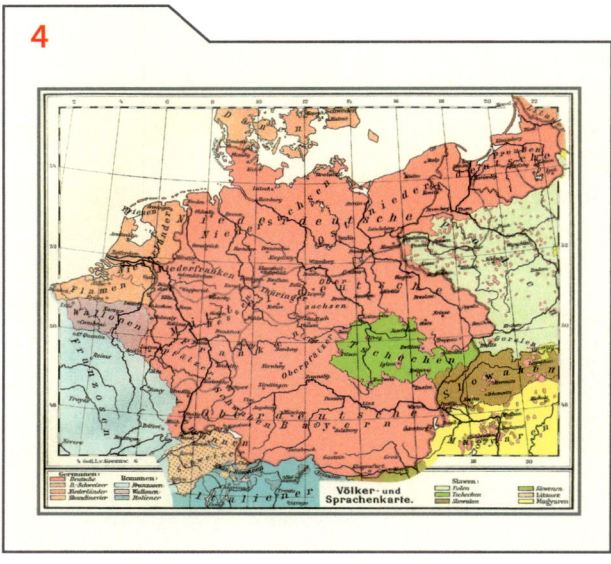

4

Völkerkarten Europas wurden bis auf zwei Ausnahmen herausgenommen: Die eine stellte den »deutschen Volksboden« im Donauraum dar, die andere die Völker der russisch-asiatischen Gebiete jenseits des eingegliederten Teils von Polen. Der Kriegsverlauf rückte nun ins Zentrum der Atlasbearbeitung. Mit politischen und militärischen Zensoren waren Kartenmaßstäbe, Demarkationslinien, Grenzverläufe, die Behandlung besetzter Gebiete und der außereuropäischen Kriegsschauplätze, die Verdeutschung von Ortsnamen und ähnliche Fragen abzuklären.

Karte 2
Seite 61

Völkerkarte von Europa 1935.
Um die »Rassen« darzustellen, behalf man sich mit einem einfachen Linienüberdruck.

Karte 3
Seite 61

1936-1942 im Anhang: die Volks-und Kulturbodenkarte nach Albrecht Penck.

Karte 4
Seite 62

Die Völker- und Sprachenkarte 1940. Sprachminderheiten werden nicht mehr berücksichtigt.

Karte 5
Seite 63

Rassenkarte des Deutschen Reiches 1936. Benutzt wurde eine Karte von Otto Reche.

Absurde Rassenstereotype im Erdkundeunterricht

Der von den Nationalsozialisten zur Staatsdoktrin erklärte Rassismus war bar jeder wissenschaftlichen Fundierung. Im Erdkundeunterricht bediente er sich alter Vorurteile und tradierter Völkerstereotype und konstruierte daraus vermeintliche »Rasseneigenschaften«.

»Die Erdkunde hat [...] die Verbreitung der auf deutschem Volksboden vorkommenden Rassen mit ihren körperlichen und geistig-seelischen Eigenschaften zu betonen und dabei besonders die nordische Rasse als das Verbindende, das Judentum als das Trennende zu werten.«

Vererbungslehre und Rassenkunde im Unterricht, Erlass vom 15.1.1935

»Was den nordischen Menschen geistig und seelisch auszeichnet [...]: nachdenklicher und vorausschauender Sinn, gesundes Urteil, Besonnenheit, Stetigkeit, Wahrhaftigkeit, Naturgefühl, Heimatliebe, Wandertrieb, heldischer Sinn, Tapferkeit bis zur Tollkühnheit, Ritterlichkeit, Tatkraft und Unternehmungslust. Es sind oft ausgesprochene Führernaturen.«

»Der fälische Mensch: Wer den zähen, tüchtigen ›Westfalen‹ kennt, kennt damit die fälische Rasse. [...] Im Seelischen ist er dem nordischen sehr ähnlich, aber schwerfälliger und zurückhaltender.«

»Der ostischen (alpinen) Rasse fehlt der Wagemut und die Kühnheit der nordischen; sie ist friedlich, ›gemütlich‹ und gefühlswarm, aber nüchtern-praktisch [...], dabei geduldig. Zum Führen weniger berufen, lässt er sich gern führen.«

»Die ostbaltisch (osteuropäische) Rasse ist in vielem das blonde Gegenstück zur ostischen Rasse. Der russische Mensch ist sein Urbild. Dem ostischen Menschen eignet in seiner ›slawischen‹ Seele eine gewisse Dumpfheit und Verschlossenheit. [...] Treu im Kleinen, stark im Leiden und Entsagen, ist er zu selbständigem Handeln nicht leicht bereit. Ein ›geduldiger Untertan‹, lässt er sich willig führen, ist gehorsam (Sklave = Slawe!), fürsorglich in seiner Familie [...].«

»Der westische Mensch in reiner Prägung [...] ist ein leidenschaftlicher Mensch, leicht erregbar, selbst hitzig, wortreich und gewandt im Auftreten, von lebhaftem Ehrgefühl, dabei zu eitler Selbstdarstellung geneigt.«

(Auszüge aus »Vererbung und Rasse, des Volkes Schicksal«, Sonderheft der Zeitschrift »Dia«. Ein Orbis pictus für die Freunde des Lichtbildes im Unterricht, um 1935)

Bildtafeln, wie diese nach Vorlagen des Deutschen Hygiene Museums in Dresden, wurden in Erdkunde- und Biologiebüchern der NS-Zeit eingesetzt.

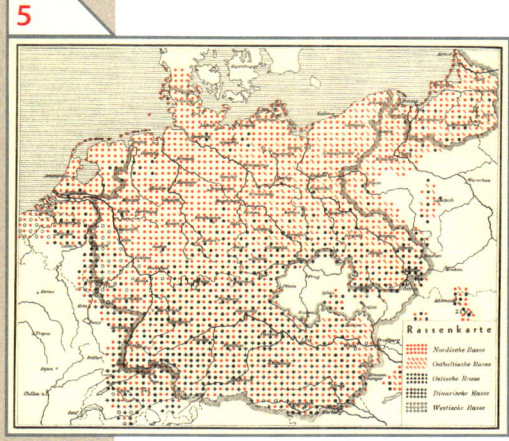

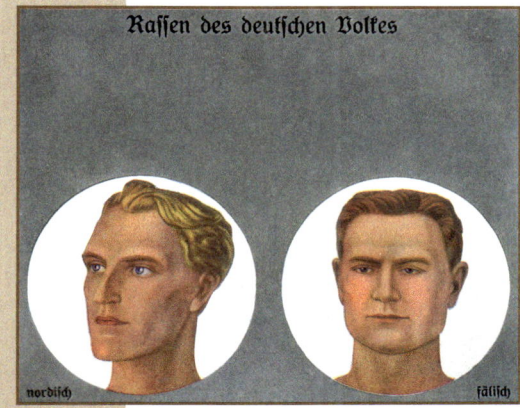

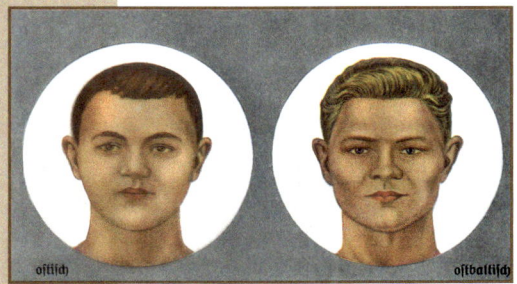

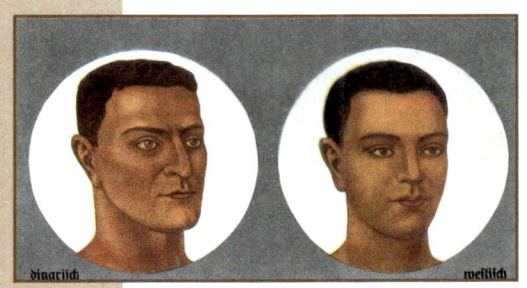

Zeitfenster: 1945 – 1949

Gab es nach dem Zweiten Weltkrieg

Neue Schulbücher

Beinahe 13,5 Millionen Schulbücher erschienen zwischen Juli 1945 und August 1947 in der britischen Besatzungszone, zu der auch Braunschweig gehörte. Ihre beeindruckende Zahl füllte nur notdürftig die Lücke, die das Verbot der Schulbücher aus der NS-Zeit hinterließ. Der Bedarf war riesig, da alle Schultypen ausgestattet werden sollten. Papier und Material für die Buchbinderarbeiten waren jedoch Mangelware und neue Lernmittel mussten erst erarbeitet werden. Zunächst entschieden die Briten weitgehend allein über die Versorgung mit Schulbüchern, dann in Zusammenarbeit mit dem im Dezember 1945 eingerichteten und mit deutschen Pädagogen besetzten zonalen Lehrbuchausschuss. Der Ausschuss beriet über den dringlichsten Bedarf, prüfte Manuskripte, setzte Druckauflagen fest und entwickelte längerfristige Perspektiven. Die letzte Entscheidung in Fragen der Schulbuchgenehmigung war dem britischen Hauptquartier und seiner Erziehungs- und Schulbuchabteilung in der westfälischen Stadt Bünde vorbehalten. Der Diercke stand schon 1946 auf der Tagesordnung. Aber erst 1949 erschien eine eigentlich bereits überflüssige Notausgabe, denn eine »friedensmäßige« Neubearbeitung folgte im Spätsommer 1950.

Nach dem Ende des Zweiten Weltkriegs mit seinen Zerstörungen dauerte es nicht lange, bis auch das letzte Bild von Adolf Hitler verschwand.

»The map has to be removed or altered«

Wie in anderen Verlagen auch waren bei Westermann Mitte 1945 sämtliche auslieferungsfertigen Bestände an Karten und Atlanten vernichtet worden. Übrig geblieben waren an

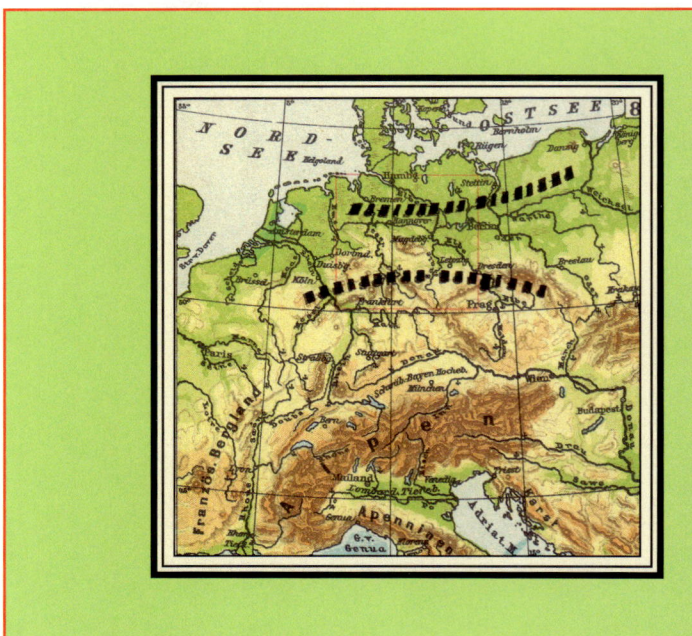

die 20.000 Rohbogen der letzten Diercke-Auflage von 1944, unter denen eine Auswahl getroffen und als Notausgabe den Briten zur Prüfung vorgelegt wurde. Vorschriften über die Karteninhalte lagen dem Verlag nicht vor. Anhaltspunkte boten die erste Nachrichtenkontrollanweisung der Alliierten

Zu den ersten Druckerzeugnissen von Westermann zählte 1945 die Alliierte Briefmarkenserie, die im Auftrag der Britischen Militärregierung entstand. An ihrer Herstellung waren auch Kartographen beteiligt.

den Briten in Bünde führte. Das Ergebnis vom Herbst 1946 waren die »Kartenblätter für die allgemeine Erdkunde und die aussereuropäischen Erdteile« – so der Titel der Notausgabe des Diercke. Sie beschränkte sich auf die ersten 76 Seiten des Diercke von 1944. Das Problem der noch fehlenden endgültigen Grenzen in Europa klammerte man aus: Jede politische Darstellung Europas fehlte. Dies betraf auch Japan und seine Eroberungen in Ostasien und im Pazifik. Ansonsten behalf man sich nach Einsprüchen aus Bünde mit der Schwärzung von Begriffen und Namen.

eine Zeit ohne den Diercke?

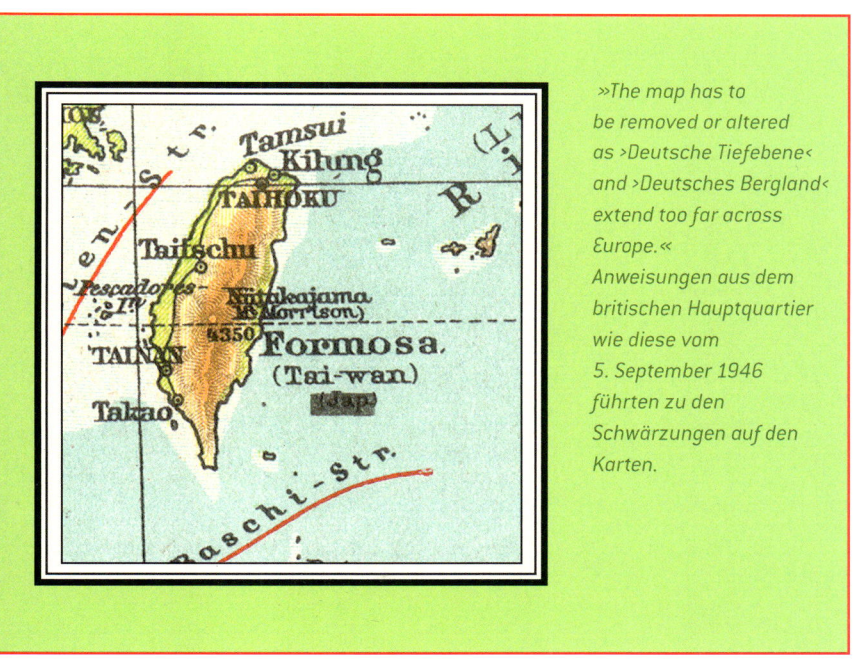

»The map has to be removed or altered as ›Deutsche Tiefebene‹ and ›Deutsches Bergland‹ extend too far across Europe.« Anweisungen aus dem britischen Hauptquartier wie diese vom 5. September 1946 führten zu den Schwärzungen auf den Karten.

Pädagogische und militärische Bedenken

Trotz der Genehmigung konnte der Verlag den Schulen den Atlas erst mit drei Jahren Verspätung anbieten. Zunächst ließ der zonale Lehrbuchausschuss die Notausgabe wegen pädagogischer Bedenken nicht passieren. Ihn störten die Schwärzungen, weckten sie doch erst recht die Neugier der Schüler. Als sie in Anbetracht der desolaten Papierlage ausgeräumt waren, kam Ende 1947 aus Bünde eine einschneidende Verordnung: Gebiete außerhalb Deutschlands durften nicht in einem größeren Maßstab als 1 : 1 Million dargestellt werden.

Nicht nur sämtliche Genehmigungen waren damit hinfällig, sondern auch der Schulatlas schlechthin, für den die großmaßstäblichen Sonderkarten unverzichtbar waren. Es brauchte dann noch über ein Jahr, bis die Briten Schulkarten von jeder Maßstabsbegrenzung ausnahmen. Sie ließen sich davon überzeugen, dass auf solch stark generalisierten Karten keine militärischen Objekte preisgegeben wurden. Die Notausgabe konnte nun erscheinen und wichtiger noch: An der Neubearbeitung konnte zügig weitergearbeitet werden.

von 1945 und ihr Verbot des Drucks und Vertriebs von Veröffentlichungen mit großdeutschem, imperialistischem und nationalsozialistischem Gedankengut sowie das auf der Potsdamer Konferenz getroffene Abkommen.

Sehr viel wichtiger aber waren die Gespräche, die der Verlag mit

1974

Diercke Weltatlas

Gesamtbearbeitung: Dr. Ferdinand Mayer; Kartographie und Technik: Dr. Ferdinand Mayer, Heinz Sprengel
Redaktion: Theo Topel, Ralph Janke; Herstellung: Kartenentwurf; Positivgravur der Linien auf eine beschichtete Folie; Montage der gesetzten Schrift und der Signaturen; Anlage der Farbflächen; Handschummerung; Erzeugung der Farbauszüge auf Folien; Kopie auf Druckplatten; Bogenoffsetdruck in sechs Farben.

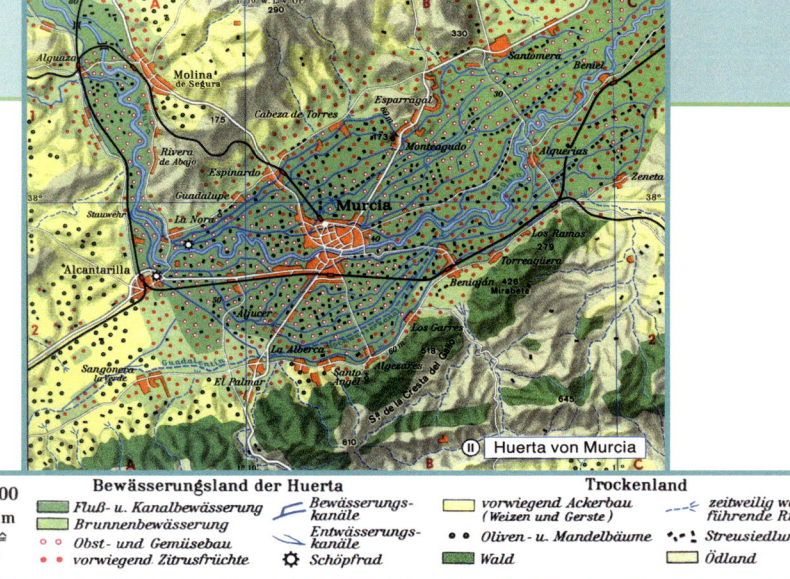

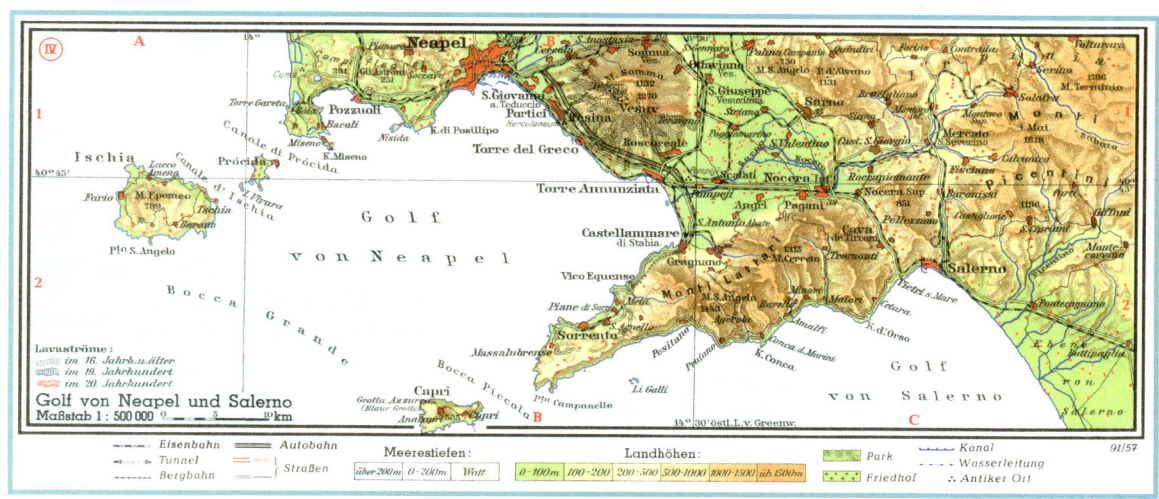

Diercke Weltatlas

Gesamtbearbeitung: Richard Dehmel; Kartographie: Richard Dehmel u. a.

Herstellung: Kartenentwurf; Übertragung der Linien, Schrift und Schummerung auf Astralonfolien mit der Hand; Anlage der Farbflächen; Erzeugung der Farbauszüge auf Folien; Kopie auf die Druckplatten; Bogenoffsetdruck in acht Farben.

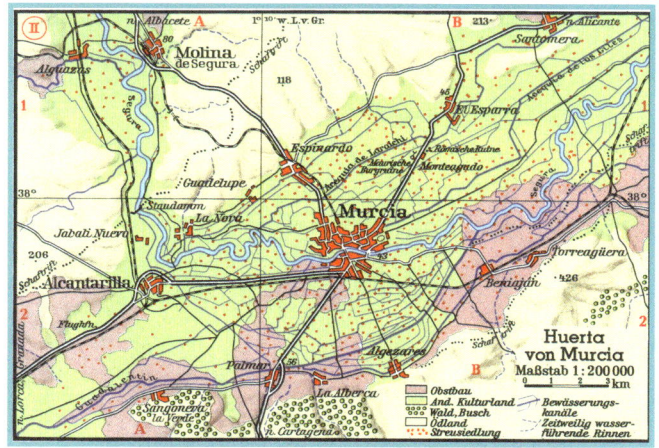

Die Erläuterungen finden Sie auf Seite 34

Diercke-Karten im Wandel ...

Druckplatten

1. Schrift
2. Eisenbahnen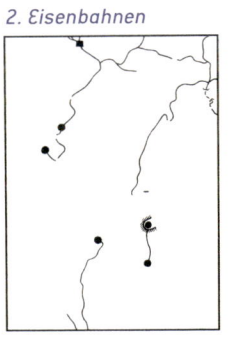
3. Gewässer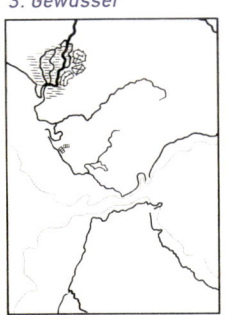
4. bis 6. →

Druckfarben

1. Schwarz
2. Zinnober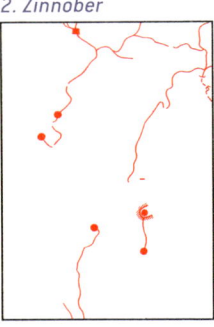
3. Blau I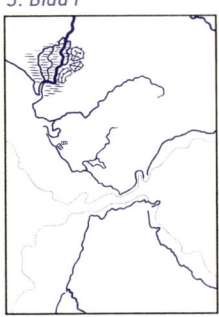
4. Gelb

Druckvorgang

Farbe 1
Farbe 1 + 2
Farbe 1 – 2 + 3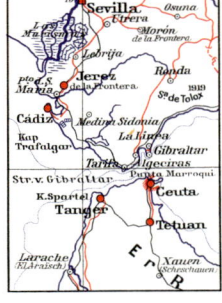
Farbe 1 – 3 + 4

66 + 71

...1957 – 1974 – 1988 – 2008

Landhöhen und Meerestiefen

7. Terrain

8. Schatten
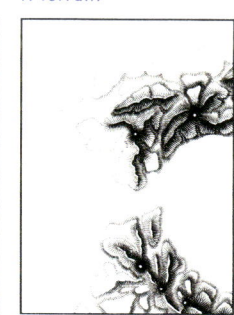

5. Blau II

6. Rosa

7. Braun
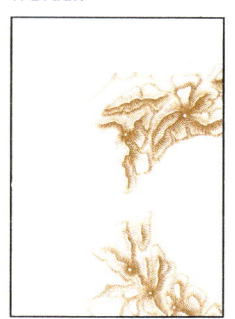

8. Grau

Farbe 1 – 4 + 5

Farbe 1 – 5 + 6
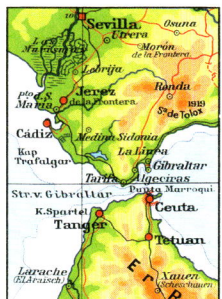

Farbe 1 – 6 + 7

Farbe 1 – 7 + 8

Der Kartendruck um 1960
Für jede Druckfarbe wurde eine Zeichnung auf Astralonfolie hergestellt. Diese wurde im Positivkopierverfahren auf die Platten für den Offsetdruck übertragen. Das Kartenbild stand seitenrichtig auf der Druckplatte aus Zink oder Aluminium. Hier kann verfolgt werden, wie aus acht Platten und Farben eine physische Karte des Diercke entsteht.

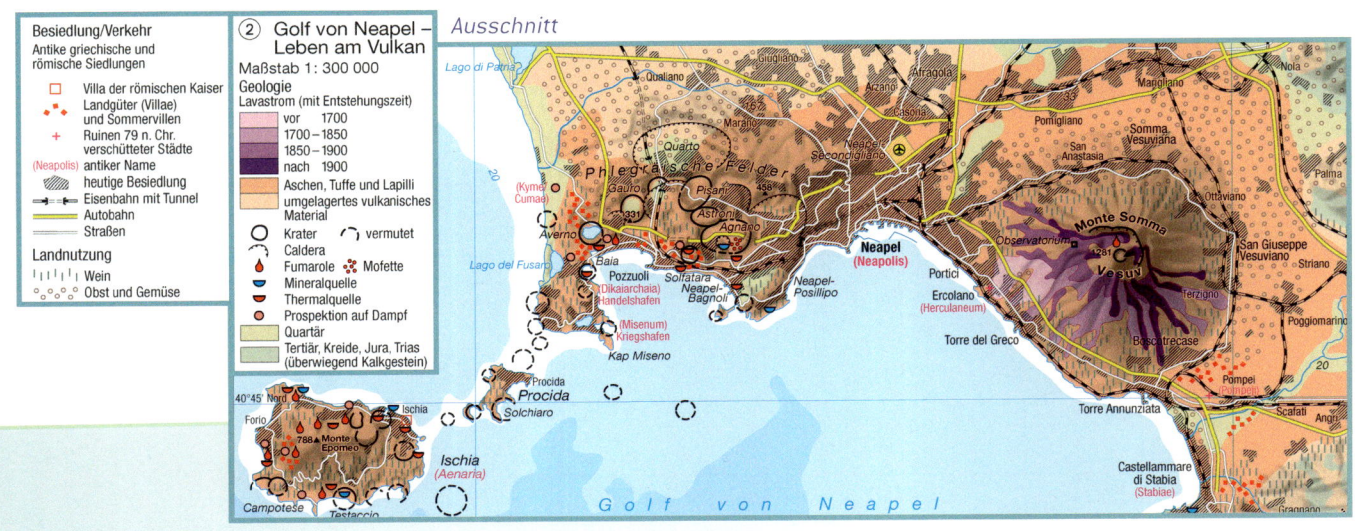

Diercke Weltatlas 2008

Gesamtbearbeitung: Thomas Michael; Kartographie und Technik: Peter Seng, Michael Albrecht

Redaktion: Wiebke Gehring, Björn Richter, Reinhold Schlimm; Herstellung: Digitalisierung der Kartenzeichnung, Zerlegung in einzelne Ebenen (Linien und Flächen); Einbau von Schrift und Signaturen; Handschummerung; digitale Erzeugung der Farbauszüge; direkte Übertragung der Daten auf die Druckplatten; Rollenoffsetdruck in vier Farben.

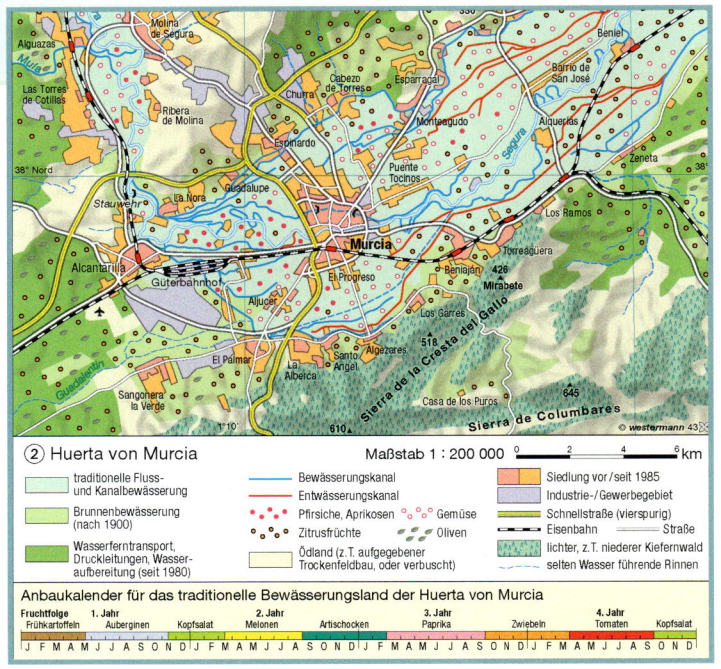

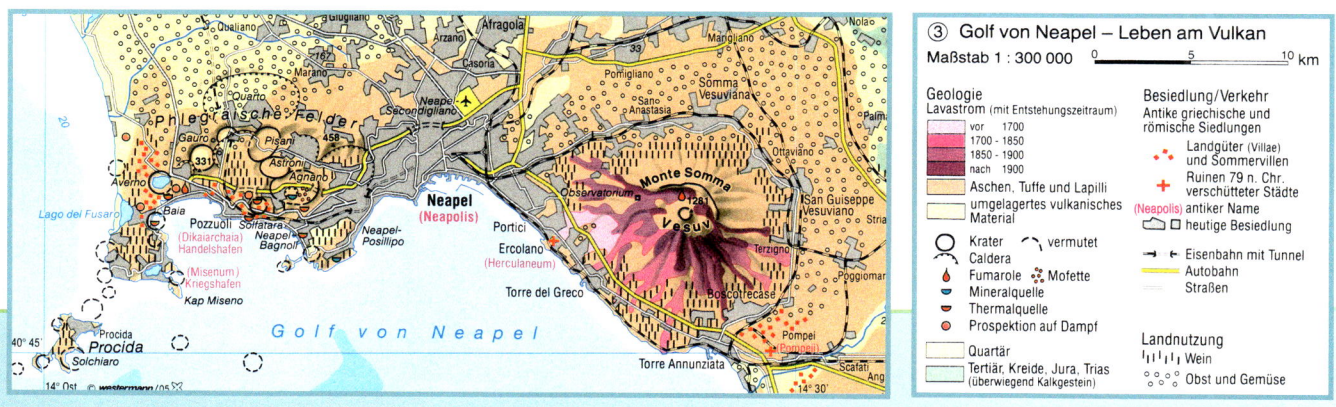

1988

Diercke Weltatlas

Gesamtbearbeitung: Dr. Ulf Zahn; Kartographie und Technik: Heinz Sprengel, Peter Seng

Reaktion: Jürgen Burgermeister, Theo Topel; Herstellung: Kartenentwurf; Negativgravur der Linien auf eine beschichtete Folie; Montage der gesetzten Schrift und der Signaturen; Handschummerung; Farbflächenherstellung durch das Stripmaskverfahren; Farbauszüge auf Film durch Negativkopie; Kopie der Druckfilme auf Druckplatten; Rollenoffsetdruck in vier Farben.

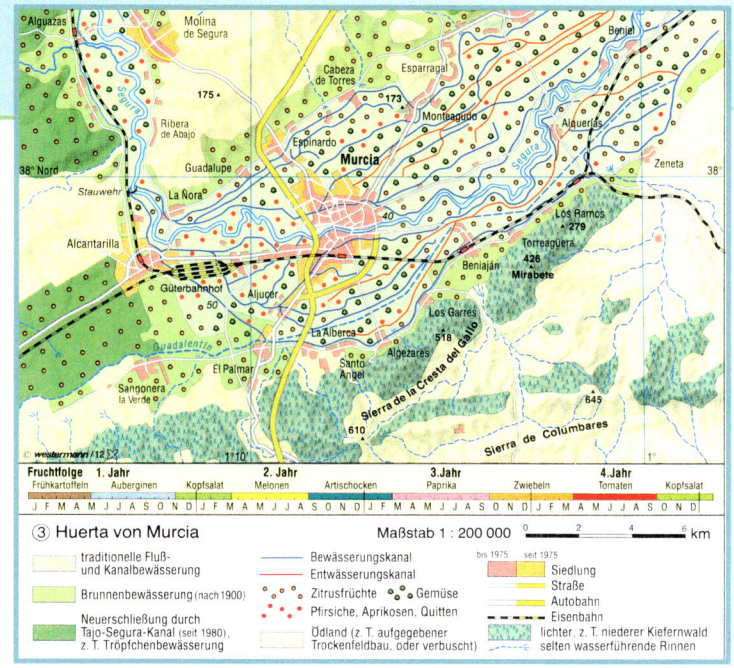

Zeitfenster: Die Grenze von 1937

Eine Grenze der besonderen Art

Zwischen 1970 und 1990 markierten in den Westermann-Atlanten aneinandergereihte rote Punkte die Ostgrenze des Deutschen Reiches vom 31. Dezember 1937.
Als umstrittene »Perlenkette« ist die Signatur in die Debatte um die 1969 begonnene neue Ostpolitik der sozial-liberalen Regierung unter Bundeskanzler Willy Brandt eingegangen.

Das Bundesverfassungsgericht stellte 1973 fest: »Das Grundgesetz (...) geht davon aus, daß das Deutsche Reich den Zusammenbruch 1945 überdauert hat und weder mit der Kapitulation (...) noch später untergegangen ist. (...) Das Deutsche Reich (...) besitzt nach wie vor Rechtsfähigkeit, ist allerdings als Gesamtstaat (...) selbst nicht handlungsfähig.«
Das Besondere der Grenze lag darin, dass sie Gebiete umschloss, in denen Polen und die UdSSR zwar die Gebietshoheit ausübten, die volle Souveränität aber aus deutscher Sicht erst ein Friedensvertrag herbeiführen konnte. Die spezifisch »deutsche« Grenzsignatur wurde 1990 mit den Vertragswerken zur deutschen Einheit überflüssig. Heute existiert die »Perlenkette« im Diercke nur noch auf historischen Deutschlandkarten, für aktuelle territoriale Konflikte wird sie nicht vergeben. Schaut man in die Geschichte des Diercke, so wird deutlich, dass mit der »Perlenkette«, die an die Stelle einer anderen Grenzsignatur trat, die Entspannungspolitik Eingang in den Schulatlas fand.

Ein Höhepunkt der Entspannungspolitik:
die Unterzeichnung des Moskauer Vertrages durch (v.l.) Bundeskanzler Willy Brandt, Ministerpräsident Alexej Kossygin und Außenminister Andrei Gromyko.

Der Streit der Meinungen spiegelte sich auch in den Zuschriften an die Diercke-Redaktion wider. Zunächst wurde die Kombination der »Perlenkette« mit der zu der Westgrenze Polens aufgewerteten Oder-Neiße-Linie als Aufgabe deutscher Gebietsansprüche kritisiert.
Bis Ende der 1980er-Jahre überwogen dann Unbehagen und Unverständnis über ihre Verwendung: Als Relikt einer dunklen Zeit sei sie nur noch von historischer Bedeutung und widerspreche dem Geist der Völkerverständigung. Dass der Eintrag der Grenze von 1937 dem Grundgesetz entsprach und ihre Darstellung von den Kultusministern der Länder vorgeschrieben war – daran musste der Verlag immer wieder erinnern.

Willy Brandts Unterschrift unter die Ostverträge besiegelte die Unverletzlichkeit der Grenzen in Europa. Die Oder-Neiße-Linie wurde als polnische Westgrenze anerkannt.

»So wird der Diercke durchgehen«

Nachdem die Neubearbeitung des Diercke im Frühjahr 1950 so gut wie abgeschlossen war, begann für den Verlag eine hektische Zeit. Der Atlas wurde Bundes- und Länderministerien, den Militärregierungen der Alliierten und dem Zentralverband der Vertriebenen vorgelegt mit dem Ziel, ihr Einverständnis mit den Deutschlandkarten zu erreichen. Für den Diercke galten noch die Kartenvorschriften der drei Westmächte, die erst im November 1950 aufgehoben wurden. Danach war nur klar, dass Deutschland in den Grenzen von 1937 – sie waren als solche zu kennzeichnen – und mit seinen Besatzungszonen darzustellen war. Die Gebiete innerhalb der Reichsgrenze, die östlich der Oder-Neiße-Linie lagen, hatten die Bezeichnung »unter polnischer Verwaltung« bzw. »unter sowjetischer Verwaltung« zu tragen. Wie sollten nun diese unterschiedlichen Gebiete von einander abgehoben werden?

Die Teilung der Stadt Berlin in zwei Sektoren zeigte der Diercke 1950 mit einer »Perlenkette«, die 1961 errichtete Mauer dann 1963 mit einer kräftigen grauen Linie.

Welche Grenze markierte die »Perlenkette«?

Auf physischen Karten gab es lediglich die Möglichkeit der Grenzsignatur. Da alles unter dem Vorbehalt einer friedensvertraglichen Regelung stand, kamen nur Signaturen in Frage, die von der üblichen roten Linie für Staatsgrenzen abwichen. Im Vorfeld der Prüfung waren bereits Beschwerden über eine zu starke Betonung der beiden Grenzen der Sowjetischen Besatzungszone laut geworden. Am Ende fand sich eine von allen akzeptierte Lösung: Auf den physischen Karten sollten die Grenze zwischen den beiden deutschen Republiken und die Oder-Neiße-Linie dieselbe abgeschwächte Signatur erhalten und zwar die damals noch unkonventionelle Punktreihe, die auch um Berlin gelegt und im Westen für die regelungsbedürftigen Gebiete benutzt wurde. Eine Legende hatte ihren »provisorischen Charakter« festzuhalten. Die Grenze von 1937 erhielt zusätzlich zu der gewohnten roten Grenzlinie einen ebenfalls rot schraffierten Saum. Somit unterschied sie sich von den übrigen Hoheitsgrenzen und trat gleichzeitig deutlich hervor.

Diese Signaturen erschienen zunächst nur auf zwei im Eilverfahren schlecht überdruckten Karten. Ursprünglich hatte der Verlag für die Grenze von 1937 eine »Perlenkette« bzw. eine gestrichelte Linie vorgesehen. Spätere Auflagen des Diercke zeigten bis 1956 die Punktreihen auf allen Karten von Deutschland, während die Reichsgrenze je nach Maßstab als rote Liniensignatur mit oder ohne Saum die dominierende Grenze bildete. Auf politischen Karten bediente man sich besonders nach 1952 der Flächenfarben, um zusammen mit einer kräftigen roten Linie die Bedeutung der Ostgrenze zu unterstreichen, was der Bundesminister für Vertriebene dem Verlag schon im Herbst 1950 nahegelegt hatte.

→ → → Welche Grenze markierte die »Perlenkette«?

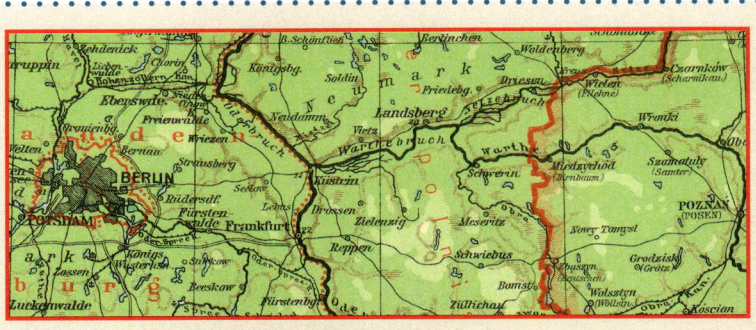

Mit einer unkonventionellen Punktsignatur wurden in diesem Kartenausschnitt die Oder-Neiße-Linie und Berlin markiert, für das der Viermächtestatus galt. Für die Reichsgrenze von 1937 wählte man eine neue auffällige Signatur.

Ausschnitt aus der Karte Norddeutschland 1950

.... Verwaltungsgrenzen innerhalb des deutschen Gebietes vom 31. 12. 1937, die nach 1945 bis 1950 festgelegt wurden, deren endgültige Regelung jedoch späteren Abkommen vorbehalten ist

——— Teilung Ostpreußens unter polnische und russische Verwaltung nach den Potsdamer Beschlüssen von 1945

Ausschnitt aus der physischen Karte Mitteleuropa 1974

Grenzen erster und zweiter Ordnung

Den Absprachen von 1950 ähnelten die amtlichen Richtlinien für die Darstellung der deutschen Grenzen, die zwischen 1952 und 1965 formuliert wurden. So hieß es 1952: »Die deutsche Außengrenze ist als Staatsgrenze stärker als die Zonen- und Landesgrenzen zu halten.«
Im Diercke gab es daher keine prinzipielle Änderung an den deutschen Grenzen erster und zweiter Ordnung, als er 1957 die Staatsgrenzensignatur vereinheitlichte. Alle physischen Karten trugen nun die rote Linie mit dem gerasterten Saum. Die Punktlinien verschwanden zugunsten einer durchbrochenen Staatsgrenzensignatur. Die Reichsgrenze markierte eine Linie mit Saum, der breiter war als bei den bestehenden Staatsgrenzen.

»Den Realitäten Rechnung tragen«

Die amtlichen Kartenrichtlinien verloren ab Mitte der 1960er-Jahre zunehmend an Bedeutung. Selbst Karten von Bundesbehörden folgten ihnen nicht mehr. Als 1969 die Verhandlungen zu den Ostverträgen begannen, entschloss sich auch der Verlag, die Karten der »Lebenswirklichkeit« anzupassen.

Ausschnitt aus der Staatenkarte Mitteleuropa 1952

Auf politischen Karten wurde zusätzlich die Flächenfarbe eingesetzt, um Deutschland in den Grenzen von 1937 zu zeigen. Nach den Kartenrichtlinien von 1952 wurden die ehemaligen preußischen Provinzen in einem helleren Farbton eingezeichnet.

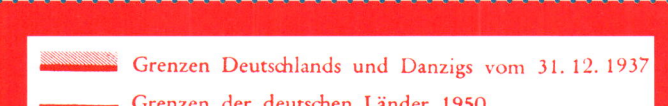

Die neuen Grenzsignaturen waren erklärungsbedürftig.
Die Legende der Karte von Norddeutschland definierte sie genau.

Ausschnitt aus Deutschland: Politische Übersicht 1974

In den Diercke-Ausgaben wandelte sich die punktierte Linie von 1950 zur »Perlenkette« von 1974.
Die Reichsgrenze von 1937 verlor ihre dominante Stellung und die Oder-Neiße-Linie erhielt den Charakter einer Staatsgrenze.
Aus der politischen Karte verschwanden jenseits von Oder und Neiße die Flächenfarben der ehemaligen preußischen Provinzen: Polens Flächenfarbe reichte nun bis zu seiner Westgrenze.

Noch vor der Ratifizierung der Verträge wurde die »Perlenkette« auf den physischen Karten des Westermann Schulatlas von 1970 eingeführt. Der Diercke folgte 1971, in seiner Neubearbeitung von 1974 wurde sie auch auf die Staatenkarten ausgedehnt. In den folgenden Jahren war die Form der Signatur zwar anerkannt, aber die Frage, ob alle Deutschlandkarten sie tragen sollten, löste 1978 eine heftige Kontroverse zwischen den Bundesländern aus. Dabei ging es auch um die Frage, ob Übersichtskarten der beiden deutschen Staaten ohne die Ostgebiete statthaft waren. Die Bundesregierung hatte 1971 die Kartenrichtlinien ersatzlos gestrichen und nun drohte das einheitliche Deutschlandbild in den Schulatlanten verloren zu gehen.
Auf Drängen des Verbandes der Schulbuchverlage kam es schließlich 1981 zu einer Einigung der Kultusminister: Die Grenze des Deutschen Reiches war auf politischen Europakarten, auf großformatigen physischen Übersichtskarten von Deutschland und Mitteleuropa und auf bestimmten thematischen Karten einzuzeichnen. 2005 erinnerte sich der an den Verhandlungen beteiligte ehemalige Leiter des Westermann Schulbuchverlags: »Heute ist das alles kein Thema mehr. Gott sei Dank! Damals war es schwierig.«

Zeitfenster: Deutsche Einigung

In einem Zeitungsartikel von 1991 hieß es:
Wer kennt ihn nicht, den Diercke Weltatlas? Fast jeder Gymnasiast besitzt einen.
Das war richtig und gleichzeitig doch falsch. Man hatte zu erwähnen vergessen, dass lediglich die alte Bundesrepublik gemeint war. In den »neuen Ländern« hatten die Schüler zuvor über vier Jahrzehnte lang in einer »Diercke-freien Zone« gelebt.

Nach der Wiedervereinigung wurden nicht nur Karten an die neue Wirklichkeit angepasst: Telefonzellen auf dem Konrad-Adenauer-Platz in Rostock, 1991 und 2003

Aktualisierungsmarathon

Der Fall der innerdeutschen Grenze 1989 und die anschließende Wiedervereinigung sorgten bei den Redakteuren und Kartographen des Diercke Weltatlas für einen Aktualisierungsmarathon. Allein von Oktober bis Dezember 1990 hatten zehn Kartographen knapp 600 Überstunden geleistet, zusätzlich mussten 1.000 Arbeitsstunden von externen Mitarbeitern bewältigt werden. Am Ende waren von dem 270 Seiten starken Atlas gut 160 Seiten korrigiert worden.

Wie reagierte der Diercke

Schneller als die Politik

Begonnen hatte alles mit einer Handkarte. Unmittelbar nach der Öffnung der Grenze kündigte die DDR an, ihre Bezirke in Länder aufgehen zu lassen. Informationen über die Grenzen dieser Länder gab es jedoch keine. Westermann produzierte also eine Karte, die den Stand zeigte, bevor die alten Länder 1952 aufgelöst worden waren. Die ab Januar 1990 angebotene Karte wurde ein Erfolg. Als dann die DDR ankündigte, dem alten Bundesgebiet beizutreten, wollten die Menschen eine entsprechende Karte und bekamen sie ebenfalls von Westermann.

Dabei war der Verlag schneller als die Politik. Noch immer gab es keine endgültigen Grenzziehungen und die Diskussion um die Landeshauptstädte war nicht beendet.
In Braunschweig wagte man das Risiko, setzte z. B. bei Sachsen-Anhalt gegen Halle an der Saale auf Magdeburg – und gewann.

vom 31.12.1937« markiert hatte.
Schwieriger war es, neue thematische Karten zu Gesamtdeutschland zu erstellen. Daten zu Waldschäden oder Verkehrsfrequenzen waren in der DDR geheim und so sollte es noch einige Jahre dauern, bis entsprechendes Material verarbeitet werden konnte.

Nichts übersehen

Bei all der Geschäftigkeit geriet anderes an den Rand des Geschehens: Die Auflösung der UdSSR bescherte der Welt neue souveräne Staaten, die Tschechoslowakei und Jugoslawien sind von den Karten verschwunden. Wer mag es außerdem der deutschen Öffentlichkeit verübeln, die Wiedervereinigung von Südjemen und Nordjemen 1990 fast nicht bemerkt zu haben?

Nach Öffnung der Mauer war der Reichstag in Berlin eines der begehrtesten Ziele für Menschen aus Ost und West.

auf die deutsche Wiedervereinigung?

So sehr sich Kartographen auch bemühen, die Weltkarte immer auf dem neuesten Stand zu halten, kann ihnen das bei manchen schnellen Entwicklungen nicht immer gelingen.

Eine Grenze weniger

Der Diercke Weltatlas war dagegen ein Mammutunternehmen, schließlich blieb es nicht bei solchen Kleinigkeiten, wie Karl-Marx-Stadt wieder in Chemnitz umzubenennen. Mit dem Zwei-plus-Vier-Vertrag verzichtete Deutschland ab März 1991 auf alle Gebietsansprüche östlich der Oder-Neiße-Linie. Endlich konnte auch die als »Perlenkette« berüchtigte Liniensignatur verschwinden, die in Polen und dem Kaliningrader Gebiet die »Grenzen des Deutschen Reiches

Alle diese Veränderungen registrierte der Diercke Weltatlas ganz zeitnah. Nach der erzwungenen Unterbrechung präsentiert er sich seit 1991 wieder als ein gesamtdeutsches Produkt, das auch in den Schulen der »neuen Länder« schnell Einzug gehalten hat.

Im Brennpunkt: Ortsnamen

Transkription oder Transliteration

Schon bei der überschaubaren Zahl der etwas mehr als 200 Staats- und Territorialnamen bestehen Unsicherheiten, die sich dank der offiziellen Staatenschreibweise des Auswärtigen Amtes leicht klären lassen: Heißt es nun Nicaragua oder Nikaragua, Tansania oder Tanzania? Aber wie steht es um die fast 20.000 anderen im Diercke Weltatlas verzeichneten Namen? Wenngleich sich Wissenschaftler, Institute und Behörden um eine Vereinheitlichung von Schreibweisen bemühen, gibt es sie in vielen Fällen nicht.

Dschodpur oder Jodhpur: Wie schreibt man ausländische Ortsnamen?

So orientiert sich die Schreibweise des indischen »Dschodpur« an der korrekten Aussprache aus deutschsprachigem Munde, was als Transkription bezeichnet wird.
In Sanskrit schreibt sich die Millionenstadt eigentlich »जोधपुर«, was im Englischen mit »Jodhpur« transkribiert wird. Buchstabe für Buchstabe übersetzt (also transliteriert) müsste der Ort Jodhapur heißen.
Welche Schreibweise ist die richtige und soll für den Diercke verwendet werden: Die Übertragung aus Sanskrit ins Lateinische? Die weitverbreitete englische Transkription? Oder doch die deutsche Transkription, die man in Nachrichten und Veröffentlichungen wohl vergeblich suchen wird?
Eine schwierige Entscheidung, die letztendlich zugunsten der global am häufigsten benutzten Variante »Jodhpur« getroffen wurde.

Am Beispiel der für drei Weltreligionen heiligen Stadt Jerusalem wird deutlich, dass dieses Thema unendlich fortgesetzt werden könnte.

Jerusalem / Al-Quds auf arabisch

Jerusalem / Yerushalayim auf herbräisch

Die Verwendung in Radio, Fernsehen und Zeitungen kann nur für Ljubljana/Laibach und L'viv/Lemberg ein Maßstab sein, denn Orte wie Lauenburg/Lębork werden dort kaum jemals erwähnt.

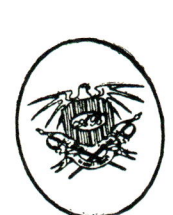

Auch in Indien bevorzugt man in diesem Fall die englische Transkription.

Jodhpur, die blaue Stadt Indiens im Bundesstaat Rajasthan. So schreibt auch der Diercke ihren Namen.

Vergangenheit und Gegenwart

Ein anderer oft diskutierter Aspekt ist die Verwendung von historischen Namen, z. B. in Mittel- und Osteuropa. Für Schulbücher und -atlanten gibt es dazu einen Beschluss der Kultusministerkonferenz von 1991, nach dem der herkömmliche und allgemein gebräuchliche deutsche Name unter Zusatz der landeseigenen Benennung zu verwenden ist, die jedoch aus Gründen der Kartenlesbarkeit auch entfallen kann. Wie sieht es aber konkret mit Laibach für die slowenische Hauptstadt Ljubljana, Lauenburg für das ostpommersche Lębork oder Lemberg für das ukrainische L'viv aus? Sind die herkömmlichen deutschen Namen hier noch »allgemein« gebräuchlich?

Ein zeitloses Problem

Was ist aber wirklich relevant – die historische Erinnerung oder das Selbstverständnis der heutigen lokalen Bevölkerung? Während auf den Anzeigetafeln deutscher Flughäfen für Ljubljana dem deutschen Laibach die allgemeine Gebräuchlichkeit abgesprochen werden muss, ist dies bei Prag/Praha nicht der Fall. Warum eigentlich? Und wird sich in Deutschland das zungenbrecherische ukrainische L'viv, das nach Auflösung der UdSSR das nicht leichtere russische Lwow abgelöst hat, jemals gegenüber Lemberg durchsetzen? Ein bekanntes Lauenburg liegt bereits in Schleswig-Holstein – müsste dann die polnische Kleinstadt Lauenburg 50 km nordwestlich von Danzig (oder doch Gdańsk?) nicht besser einfach Lębork heißen?

Schon Dr. Henry Lange schrieb 1884 zur 125. Auflage des Lange-Volksschulatlas: »Einzelne Autoren belieben in neuerer Zeit den Golfe du Lion als Löwen-Busen, den Canal la Manche als Ärmel-Kanal zu bezeichnen, scheuen sich aber nicht, gleich daneben Pas de Calais zu setzen. [...] Diese Andeutungen mögen genügen. Erst nach längerem Ringen werden wir hoffentlich zu einer festen Namensschreibung kommen.« Von der Erfüllung dieses Wunsches sind die Atlasmacher auch nach 125 Jahren noch weit entfernt.

Meilenstein: Diercke 1957

Der Familienatlas

Vornehm in braunes Leinen gebunden war der Diercke Weltatlas von 1957 und auf seinem Einband prangte der Titel in Gold geprägten Buchstaben. Einem Schulbuch sah er damit so gar nicht ähnlich und tatsächlich war er mehr als ein Schulbuch, das nach Unterrichtsschluss weggelegt oder nach dem Ende der Schulzeit mit einem Aufatmen entsorgt wurde. In vielen Familien blieb der »braune« Diercke in Griffnähe. Sein Informationsgehalt und sein Kartenangebot waren dermaßen angewachsen, dass er sowohl das Bildungs- und Nachrichtenbedürfnis als auch das Fernweh der Bundesbürger stillen konnte. Eine Ärztin oder ein Ingenieur gönnten sich nun den Diercke zu Weihnachten für ihren ganz persönlichen Gebrauch.

Der Atlas begleitete auch die erste Generation der Fernsehzuschauer – 1952 ging die »Tagesschau« auf Sendung – und brachte zusammen mit dem Fernseher die Welt in Nahaufnahme in die Wohnzimmer.
»Daß man sich wirklich eine Vorstellung von den uns immer noch fernliegenden Gebieten machen kann« – das war eine der Zielsetzungen, die Kartographie-Direktor Richard Dehmel für die Neubearbeitung ins Auge gefasst hatte. Der Weltatlas sollte nicht wie ein Schulbuch aussehen. Sein Äußeres sollte seinen Wert auch für das Leben jenseits der Schule deutlich machen. Dabei blieb der Diercke aber ein Meisterstück der Schulkartographie.

Warum war der »braune« Diercke so beliebt?

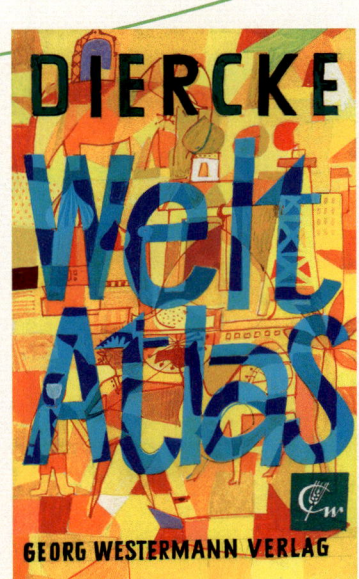

Im Visier der Diercke-Werbung der 1960er-Jahre: das neue Bildungsmedium Fernsehen und seine Nutzer

Wie sollte der neue Diercke aussehen? Vor der Entscheidung für den braunen Leineneinband wurden zahlreiche Entwürfe diskutiert.

Massenansturm

Mit der zweiten umfassenden Neubearbeitung seit 1895 legte man der Lehrerschaft einen nahezu komplett neuen Diercke vor. Mehr Inhalt, neue Kartenthemen und -schnitte, eine neue Gliederung, neue Signaturen und Darstellungsmethoden, der Wegfall lang vertrauter Karten – da überkam Direktor Dehmel doch ein wenig Angst vor der eigenen Courage: »Es wird sehr schwierig, das alles dem normalen Lehrer beizubringen.« Sieben Jahre hatte es bis zur Fertigstellung des Atlas gebraucht und die damals enorme Summe von einer Million DM war investiert worden. Wie würde die Schule reagieren? Kurz gesagt: mit einem Massenansturm. 1957 musste dreimal nachgedruckt werden. 235.000 Mal ging der Diercke in diesem Jahr über die Ladentheken. Die Schule schien geradezu auf ihn gewartet zu haben. Für den Geographieunterricht zeichnete sich ein neuer Weg ab, der mit dem Diercke-Konzept von 1957 leichter zu beschreiben war.

Lernen am Beispiel

1954 war ein von den Kultusministern der Länder eingesetzter Ausschuss von Schul- und Hochschulgeographen zu einem Ergebnis gekommen: Die Stofffülle des Erdkundeunterrichts muss begrenzt werden. Dies sollte über den Weg des heute noch gültigen »exemplarischen Lernens« geschehen. Damit bekam das »Fallbeispiel« eine wichtige Rolle in der Atlaskonzeption und die thematische Kartographie erhielt neue Impulse. Der Diercke reagierte mit einer Fülle neuer »exemplarischer Beispiele«, die weltweit ausgewogen gestreut, regional zugeordnet, und dann jeweils thematisch zusammengestellt wurden. Mit der Auswahl wurden rote Fäden durch den Atlas gezogen, systematisch Querverbindungen und Vergleichsmöglichkeiten zwischen den Ländern und Erdteilen geschaffen. Wie wurde der Boden an Euphrat und Tigris, am Fudschijama oder in den Anden genutzt? Wie sahen die Industriegebiete an Rhein und Ruhr, im Saargebiet, im Ural oder um Pittsburgh aus?

→ → → Warum war der »braune« Diercke…

Karten sollten nun eine »Aussage« haben, die der Schüler selbstständig erarbeiten konnte. Die vielen einfachen meist nur in Rot gezeigten Stadtkärtchen der Diercke-Vorgänger hatten als zu »nichtssagend« ausgedient. An ihre Stelle traten Karten mit Aussagen über die historische Stadtentwicklung oder über die Bevölkerungsstruktur. Andere ursprünglich physisch angelegte Darstellungen erhielten eine thematische Ausrichtung oder wurden um weitere Aspekte wie die Landschaftsveränderung bereichert.

Die Legenden und der Signaturenapparat wurden umfangreicher, einheitlicher und besser auswertbar, was sich besonders an den neuen, nun geometrischen Wirtschaftssignaturen zeigte. Um die roten Fäden aufzunehmen, gab es ein erstes, etwas dürftiges Sachregister. Noch fehlte die Erfahrung im Umgang mit den Sachthemen.

Gewinne für die physische Karte

Ganz in der Diercke-Tradition gehörte die physische Karte zu den Gewinnern der Neubearbeitung. Land- und Meeresstufen wurden stark vermehrt, die Reliefschummerung eingesetzt und endlich auch das Flussnetz in Blau eingeführt. Zuvor war es zusammen mit den Schrift- und Linienelementen in Schwarz gehalten, um Fehler beim Druck zu vermeiden. Besonders ins Auge aber fielen die neuen großformatigen Darstellungen von Teilräumen der Kontinente, die neben die gewohnten Überblickskarten traten. Asien z. B. wurde auf fünf Doppelseiten präsentiert. Zu ihnen gesellten sich weitere Landschaftsausschnitte in großen Maßstäben. Pandschab und Indus-Tal, der Victoria-See oder die mittleren Anden (mit jeweils neun Höhenstufen und Meerestiefen) halfen dabei, sich »wirklich eine Vorstellung zu machen«, wie von Richard Dehmel beabsichtigt. Dem Größenvergleich diente oftmals eine kleine Umrisszeichnung von deutschen Gebieten, wobei es im Eifer der Neubearbeitung schon mal zu einem Fehlgriff kommen konnte. Wie das kleine Bayern auf die Seite des gewaltigen Ost- und Mittelasiens gelangte, bleibt unklar. Später wurde es gegen ein Kärtchen von Deutschland ausgetauscht.

Neue Signaturen…

Neue Stadtkarten mit »Aussage«: Bombay wie es aus einzelnen Inseln zusammengewachsen ist und wie um den Kern der alten indischen Stadt die Anlagen der Briten herumgelegt wurden.

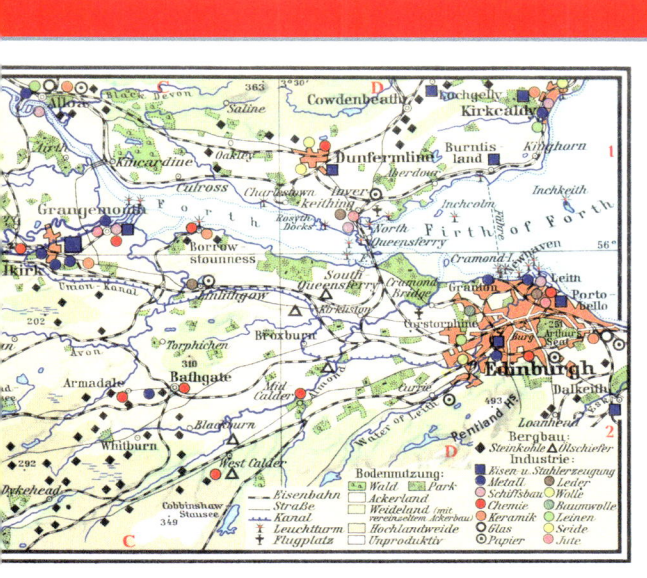

Die Wirtschaftskarten erhalten geometrische Signaturen. Einige Sonderkarten wie diese mit Bodennutzung, Bergbau und Industrie sind die Vorläufer der komplexen Wirtschaftskarten von heute.

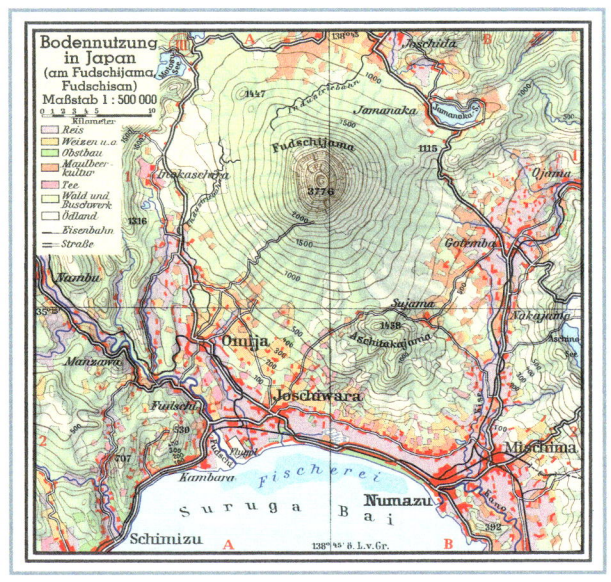

Ein roter Faden: Die Bodennutzungskarten, hier ein Beispiel aus Japan, mit ihren gut erkennbaren Anbauarten.

Deutschland und Europa

Den Auftakt des Diercke bildete jetzt der Deutschlandteil. Er hatte, wie damals vorgeschrieben, Deutschland in den Grenzen von 1937 im Blick und trug der sogenannten Ostkunde mit Karten zu Gebieten jenseits der Oder-Neiße-Linie Rechnung. Diese waren im Diercke von 1950 noch auf Anweisung der Alliierten als »nicht zeitgemäß« gestrichen worden. Gleichzeitig bekam Europa einen neuen Stellenwert. Die Bestrebungen, ein vereinigtes Europa zu schaffen, begleitete die Diercke-Redaktion voller Optimismus. Montan-Union und der 1957 vertraglich geregelte Ausbau der Europäischen Wirtschaftsgemeinschaft veranlassten die Aufnahme großer Übersichtskarten der europäischen Wirtschaft, die an die Stelle von Länderübersichten traten.

»Die heutige Weltwirtschaft lässt sich nicht mehr nach nationalen Gesichtspunkten betrachten, sondern unbedingt im Zusammenhang mit der europäischen Wirtschaft.« – so Richard Dehmel in einem Vortrag.

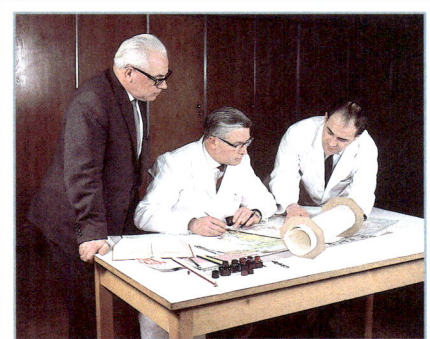

(v.l.) Kartographie-Direktor Richard Dehmel (1902–1983) in einem Arbeitsgespräch mit dem ausführenden und dem leitenden Kartographen Heinz Sprengel. Dehmel gestaltete den Diercke von 1934 bis 1967.

Nur Deutschland, das im Unterricht bevorzugt behandelt wurde, machte eine Ausnahme. Überhaupt erhielten die Wirtschaftskarten aller Kontinente mehr Raum, sodass sie den Charakter von Nebenkarten verloren und zu Einzelkarten wurden, ohne jedoch das Ausmaß der Europakarten zu erreichen.

Für die große Beliebtheit des Atlas ließen sich weitere Gründe anführen. Der eine Lehrer war begeistert von einer geologischen Karte, andere Nutzer von einer angewandten Klimakarte. Das bedachte der Westermann Verlag, als der »braune« 1974 von dem »blauen« Diercke abgelöst werden sollte, und bescherte seinen Anhängern einen langen Abschied: Noch 1990 gab es einen Nachdruck.

Meilenstein: Diercke 1974

1969 fand der Schulgeographentag in Kiel statt. Wenngleich die Fördestadt nicht als Zentrum der 68er-Studentenbewegung in die Annalen eingegangen ist, kam es während der Veranstaltung zu grundlegenden verbalen Auseinandersetzungen – insbesondere zwischen jungen Studenten und arrivierten Schul- und Hochschullehrern.

Dies betraf vor allem die formale Ausbildung von Lehrern, für die damals eine stärkere Verzahnung zwischen Studium, Referendariat und Fortbildung gefordert wurde. Weiterhin sollte die pädagogische Begleitausbildung überwiegend fach- und weniger allgemeindidaktisch erfolgen.

Die Geographie orientiert sich um

Im Hinblick auf den Diercke Weltatlas waren in Kiel die Auseinandersetzungen um eine stärkere Fokussierung auf die methodischen Grundlagen und das theoretische Gerüst der Geographie besonders interessant. Als richtungsweisend wurde dabei der Satz des 1970 verstorbenen, bekannten österreichischen Kartographen und Geographen Walter Strzygowski empfunden:

»*Unsere Wissenschaft ist aus einer Wissenschaft der Zustände zu einer Wissenschaft der Veränderungen geworden, und sie wird zu einer Wissenschaft der Lenkungen werden.*«

Nach dem Zweiten Weltkrieg waren Geographen am Wiederaufbau Deutschlands beteiligt und mussten dabei neue, vor allem empirische Methoden entwickeln oder aus anderen Disziplinen, besonders den aufkommenden Sozialwissenschaften, übernehmen.

Entstand der »blaue« Diercke in Kiel?

Unter den Talaren:
Studentenproteste wie hier in Hamburg 1967 wurden auch auf dem Geographentag von 1969 laut.
Sie verliefen jedoch in ruhigeren Bahnen und ohne Demonstration.

Nur so konnten die umfassenden und sich schnell vollziehenden raumplanerischen Veränderungen gesteuert werden. Die wissenschaftliche Geographie überdauerte das Ende des Zweiten Weltkriegs hingegen ohne neue Orientierung und setzte dabei ganz auf die Landschaftsgeographie und Länderkunde als universelle Klammer.

Seit den ausgehenden 1950er-Jahren wurde die Definition von Landschafts- und Landeskunde jedoch zunehmend kontrovers diskutiert, zugleich fanden die empirischen Methoden der Sozialwissenschaften aus den USA in der deutschen Geographie Beachtung.

Im Ergebnis war die traditionelle Ausrichtung der Geographie auf die Beschreibung und Erklärung der physischen Umgebung, die Analyse der »Erd-Zustände« sowie die in einer Gesamtschau gebotene, aber im Grunde isolierte Betrachtung der Länder und Landschaften nicht mehr haltbar.

Damit zeigte sich die Geographie mehr denn je als das janusköpfige Doppelfach, das ein von vielen als beklagenswert empfundenes Dasein in den Naturwissenschaften und zugleich in den Gesellschaftswissenschaften führt.

Der Unterricht in der Schule wandelte sich zeitgleich. Gefragt waren nun lernziel- und problemorientierte Inhalte, die den Lebensbedürfnissen der Schüler zu entsprechen hatten. Nicht mehr allein Lernstoff und die Kenntnis der Welt sollten vermittelt werden, sondern auch gesellschafts- und handlungsrelevante räumliche Strukturen und Prozesse.

Ende der 1960er-Jahre bestand also für den seit 1957 kontinuierlich aktualisierten aber thematisch unveränderten Diercke Weltatlas die Notwendigkeit einer Neuausrichtung.

Zuvor hatte es vergleichsweise einfache Karten von Bodennutzung oder Stadtstrukturen gegeben. Nun wurden die thematischen Übersichts- und Fallbeispielkarten weiterentwickelt: Zwischen 1957 und 1974 verdoppelte sich die Anzahl der Karten, die Themen aus Sozialgeographie, Raumplanung und Entwicklungsforschung aufgreifen. Diese Karten bilden die Raumwirksamkeit menschlichen Handelns ab und vermitteln Erklärungs- und Planungsansätze.

Der Diercke Weltatlas erfindet sich neu

Dieser Kritik im Umfeld des Kieler Geographentags von 1969 wurde durch den Ausbau der Humangeographie zu einem gleichberechtigten Zweig der Geographie in den 1970er-Jahren weitgehend entsprochen. Die Humangeographie führte vor allem das Raumkonzept der Geographie mit den Inhalten und Methoden der Sozialwissenschaften zusammen.

→ → → Entstand der » blaue « Diercke in Kiel?

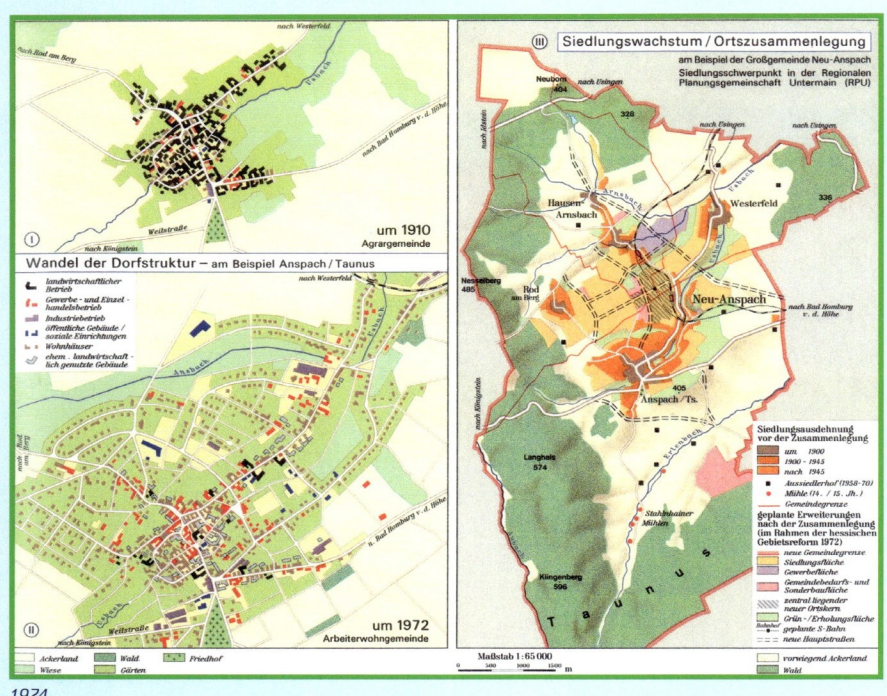

Anhand von Anspach im Taunus wird der Strukturwandel eines Dorfes verdeutlicht. Seit 1974 wurde die Karte in allen folgenden Ausgaben des Diercke fortgesetzt. Gezeigt wird der Wandel von einer Agrar- zu einer Arbeiterwohngemeinde zwischen 1910 und dem Jahr der jeweiligen Auflage. Dabei geht es in erster Linie nicht um Anspach selbst, sondern um eine typische Karte zum Phänomen des Dorfstrukturwandels. Dazu dient die klare funktionale Gliederung des Gebäudebestandes sowie die generalisierte Darstellung des Gemeindewachstums als Inselkarte – 1974 noch mit einer Schummerung, heute in Anerkennung der eigentlichen Kartenintention ohne Darstellungsanleihen aus physischen Karten.

1974: Das Jahr des neuen Maßstabs

Im Diercke Weltatlas von 1974 finden sich weitere methodische und inhaltliche Neuerungen, die zum Teil die geographische Zeitenwende von 1969 dokumentieren:

● Einheitlichkeit und Teilbarkeit der verwendeten Kartenmaßstäbe;

● die komplex-analytische Bodenbedeckungs- und Wirtschaftskarte als hochgradig zusammengefasste und abstrahierte Abbildung menschlichen Handels im Raum;

● die Einführung der statistisch-thematischen Karte zur ein- oder mehrdimensionalen Analyse des Ist-Zustandes sowie als handlungsorientierte Planschablone für den sozialökonomisch (damals noch nicht ökologisch) optimierten Soll-Zustand;

● erstmals Erschließungs- und Interpretationshilfen wie Satelliten- und Luftbilder, Grafiken, Modellschemata und Diagramme;

● schulpraktische Handlichkeit durch DIN-A4-Format und abwaschbaren Plastikeinband.

Der Diercke Weltatlas von 1974 spiegelt somit die bedeutendste Neuorientierung der deutschen und internationalen Geographie seit den Zeiten Alexander von Humboldts wider. Die Neubearbeitungen der Jahre 1988 und 2008 stehen in der Tradition des Diercke von 1974, der einen wesentlichen Wendepunkt der deutschen Schulkartographie markiert. Dies wird auch dadurch deutlich, dass der Verlag 1969 mit dem Westermann Schulatlas einen Testläufer auf den Markt

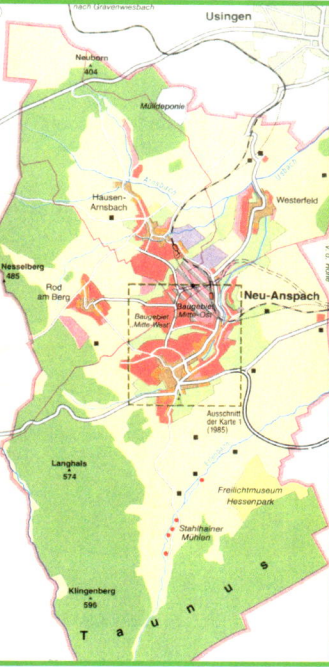
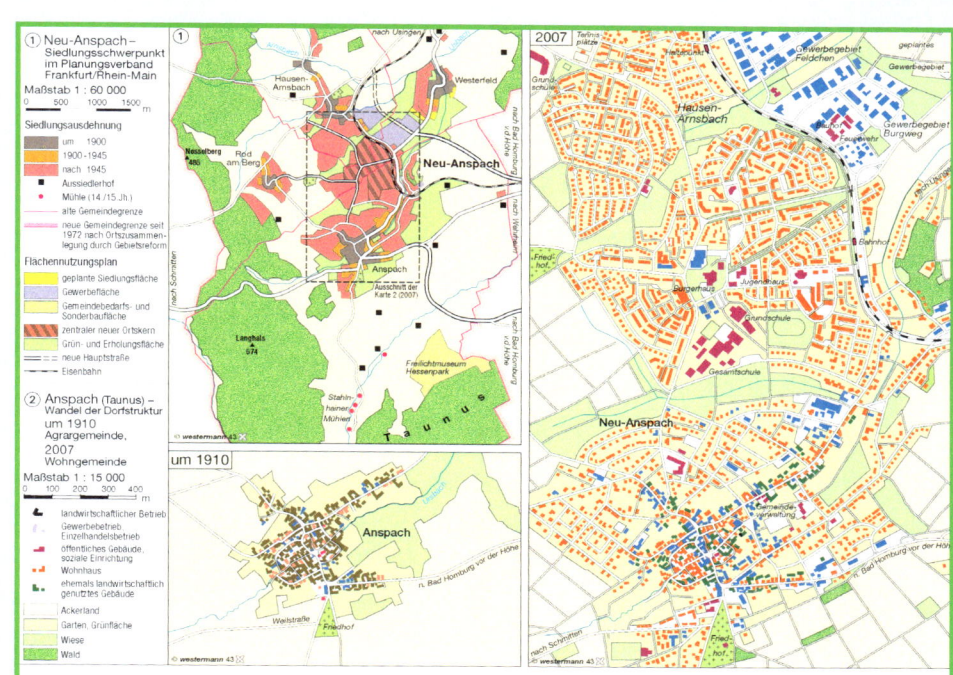

2008

brachte, der das neue Wesen der Geographie verkörperte. Parallel zum »braunen« Diercke bereitete der Westermann Schulatlas den Boden für den »blauen« Diercke, der schon bald seinen Vorgänger in der Gunst der Lehrer überflügeln konnte.

Dass er für die geographische Orientierung an der Stellung der physischen Karte als Grundkartenkontinuum und dem regionalen Gliederungsprinzip festhielt, kam ihm dabei zugute. Sein Werbeslogan »Auch ein Primus kann besser werden« wurde durch die äußerst positive Resonanz bestätigt.

*Prof. Dr. Ferdinand Mayer (1927–1995) – er sitzt in der Mitte – leitete zwischen 1968 und 1981 die Westermann-Kartographie.
Ihm gelang die grundlegende didaktische, inhaltliche und kartographische Neuorientierung des Diercke von 1974.
(Das Bild zeigt ihn um 1976 in seinem Büro bei Westermann.)*

Meilenstein: Diercke 1988

Fachliche Beratung bringt neue Impulse

Während der Diercke von 1974 unter dem Einfluss einer grundlegenden Neuorientierung in der geographischen Wissenschaft und der Fachdidaktik entstand, hatten sich die Wogen des Umbruchs zur Zeit der Konzeption des 1988er-Diercke wieder gelegt. Der Schulatlas mit einer Mischung aus humangeographischen Themenkarten und physischen Karten hatte sich etabliert. Es galt nun, die Erfahrungen aus zehn Jahren lernziel- und problemorientierten Unterrichts in einer Neubearbeitung aufzugreifen. So wurden ab Mitte der 1980er-Jahre Gutachten von Geographiedidaktikern eingeholt, eine Umfrage unter Lehrern zu Qualität und Einsetzbarkeit der Karten im Unterricht gestartet sowie bundesweit Tagungen mit Lehrern abgehalten.

Was hat ein Schmetterling auf dem Diercke zu suchen?

Man suchte ein repräsentatives Meinungsbild zum Diercke Weltatlas und über die Qualität der einzelnen Atlaskarten, um Schwachstellen herauszufinden und Impulse für ein schlüssiges, neues Konzept zu erhalten.

Vorgaben für die neue Ausgabe

Aus den Antworten ergaben sich folgende Vorgaben für die Neubearbeitung:

• Die physische Karte sollte der wichtigste Kartentyp im Atlas bleiben, da sie nach wie vor die wesentliche Grundlage für das Erlernen topografischen Wissens bildete.

• Die Wirtschaftskarten sollten daneben ein zweites weltweites Kontinuum bilden. Die thematisch orientierte Geographie war als »Tupfengeographie« in die Kritik geraten, da sie nur ausgewählte Themen anspreche, ohne den Schülern ein systematisch aufgebautes Raummuster zu bieten. Mit den flächendeckenden Wirtschaftskarten sollte dieses Defizit behoben werden.

Dr. Ulf Zahn, der Leiter der Westermann-Kartographie von 1982–2000, entwickelte die erste Konzeption des 1988er-Diercke fern des stressigen Verlagsalltags während des Campingurlaubs bei St. Tropez. Hier ist er mit seiner jüngeren Tochter zu sehen.

- Alle Fallbeispiele sollten aktuell und lehrplanbezogen sein. Moderne Themen wie Agroindustrie, Energie und Umwelt sollten im Atlas Platz finden.
Da eine komplette Raumabdeckung nicht möglich war, sollten beispielhafte Themen dazu anregen, das Kartenthema auf den eigenen Nahraum zu übertragen.

- Am regionalen Aufbau sollte festgehalten werden, wobei dieser noch klarer als bisher gestaltet werden sollte.

- Auf Doppelseiten sollten alle Karten stehen, die im Unterricht zur Erarbeitung eines Themas benötigt wurden. Eine Leitkarte sollte dabei einen Raum im Überblick erschließen, ihr zugeordnete Fallbeispiele sollten Schwerpunktthemen näher behandeln. In diesem Baukastensystem hatten die Kartenmaßstäbe untereinander teilbar zu sein. Die thematischen Einzel- und Doppelseiten sollten regional in den Atlas eingebunden werden.

- Der Seitenaufbau sollte ruhiger, einheitlicher und großzügiger wirken. Dafür war ein etwas größeres Seitenformat zu wählen. Zwar wurde die Handlichkeit des Diercke von 1974 gelobt, jedoch litt die Größe einzelner Karten darunter.

- Die Legenden des Diercke von 1974 waren häufig unvollständig, zu wenig strukturiert und unübersichtlich. Ziel war es, eine vollständige Legende zu schaffen, die durch eine klare thematische Blockbildung verständlicher gemacht werden sollte.

Der Schmetterling wird zum Symbol

Mit diesen Zielsetzungen wurde der neue Diercke konzipiert. Vom ersten Gutachten über den ersten Konzeptentwurf des Leiters der Kartographie Dr. Ulf Zahn bis hin zum Erscheinen des Werkes im Frühjahr 1988 vergingen drei Jahre. Die Formatverbreiterung des Diercke um 2,5 cm ermöglichte es, die hochgesteckten Ziele für das Layout umzusetzen. »Briefmarkenkärtchen« wurden verbannt, die Doppelseiten erhielten einen ruhigeren Aufbau mit einheitlichen Kartenschnitten, der Aufbau der Legenden war klar und über den gesamten Atlas stringent gleich.

Der Diercke behielt seine blaue Farbe, bekam aber ein neues Titelbild. Auf ihm war die Erde in einer Projektion dargestellt, die einem Schmetterling mit aufgeklappten Flügeln gleicht. Die Gestaltung und drucktechnische wie buchbinderische Qualität des Atlas überzeugten dermaßen, dass ihm die Stiftung Buchkunst 1988 die goldene Plakette als »eines der schönsten Bücher« in der Kategorie Schulbuch verlieh. Bereits nach kurzer Zeit wurde der Name Diercke mit diesem Schmetterling assoziiert.

Die Signaturen – ein Feld ständiger Verbesserungen. Zunächst wurden sie vereinheitlicht. Dann half die Farb- und Strukturgebung dabei, sie für die Schüler unterscheidbarer und damit eindeutiger zu machen.

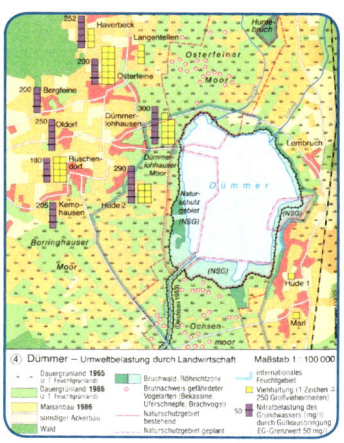

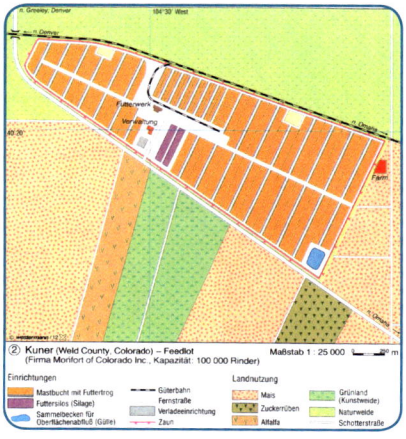

Zwei Beispiele für innovative und zeitgemäße Kartenthemen der ausgehenden 1980er-Jahre: Die Karte vom Dümmer zeigt Umweltprobleme, die Intensivlandwirtschaft mit sich bringen kann, die Karte von Kuner die überdimensionalen Ausmaße industrieller Viehhaltung in den USA.

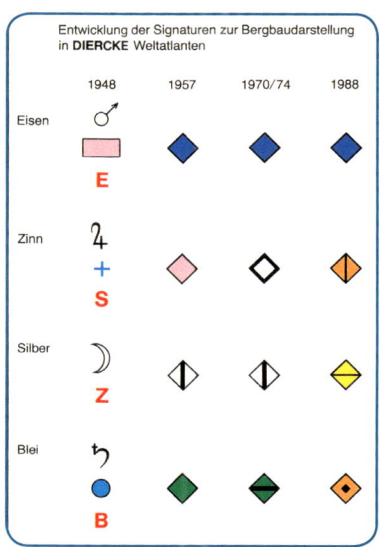

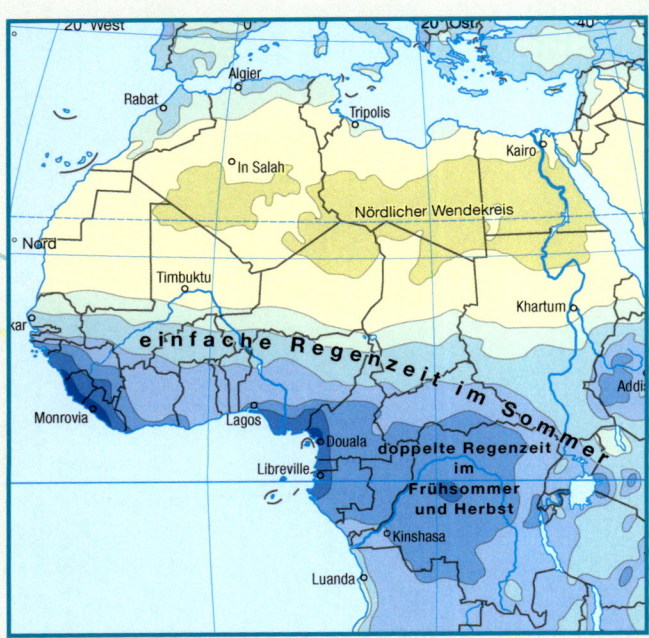

Ausschnitt aus »Afrika – Niederschläge im Jahr«

Die Klimakarten

Klimakarten in Übersichtsmaßstäben sind traditioneller Inhalt eines Schulatlas, den die Lehrpläne fordern. Für jeden Kontinent findet man im Diercke Weltatlas Karten der durchschnittlichen Januar- und Juli-Temperaturen und des mittleren Jahresniederschlags. Die Datengrundlage dieser erneuerten Karten ist die jüngste langjährige Messperiode. Spezialkarten beschäftigten sich mit regionalen Klimabesonderheiten wie dem saisonalen Monsun-Durchzug durch Indien. Die Klimakarten der Kontinente entsprechen in Maßstab und Ausschnitt den anderen Übersichten der Kontinente. Der Weltteil des Diercke widmet sich besonders intensiv dem Klima, denn es sollen auf allen Lernniveaus globale Klimagliederungen zur Analyse und zum Vergleich bereitgestellt werden.

Ausschnitt aus »Kalifornien – Landwirtschaft«

Die Landwirtschaftskarten

Wo werden in Kalifornien Wein und Erdbeeren angebaut, wo auf der Welt Reis und Baumwolle? Welche Rolle spielt dabei die Bewässerung? Landwirtschaftskarten zeigen die Bodennutzung und wichtige Anbauprodukte soweit vereinfacht, dass klare und interpretierbare Strukturen entstehen. Besonderer Wert wird beim Kartenentwurf auf die richtige Gewichtung und korrekte Verortung der Anbauflächen und -produkte sowie des Viehbestandes gelegt. Die ausgewählten Anbauprodukte sind für die regionale Landwirtschaft von besonderer Bedeutung und erreichen als Exportware meistens auch die hiesigen Märkte. Die verwendeten Signaturen finden sich ebenfalls in den komplexeren Wirtschaftskarten wieder, sodass man viele Vergleiche anstellen kann.

Ausschnitt aus »Europa – politische Übersicht«

Die politischen Karten

Auf politischen Karten können Schüler am schnellsten die Anzahl von Staaten eines Kontinents sowie ihre Größen- und Lageverhältnisse erfassen. Neben den Staatennamen und Hauptstädten enthalten diese Karten kaum weitere Inhalte, sodass die schnelle Orientierung nicht gestört wird. Um den Bezug zur Geschichte herzustellen, wird bei Staaten mit kolonialer Vergangenheit das Jahr ihrer Unabhängigkeit genannt.

Wenn politische Veränderungen irgendwo auf der Welt zu neuen Grenzen führen, reagiert der Diercke innerhalb einer Auflage: Umgehend werden die Veränderungen in den Atlas übertragen und binnen Jahresfrist liegt ein aktualisierter Nachdruck vor.

Ausschnitt aus »Asien – Bevölkerung«

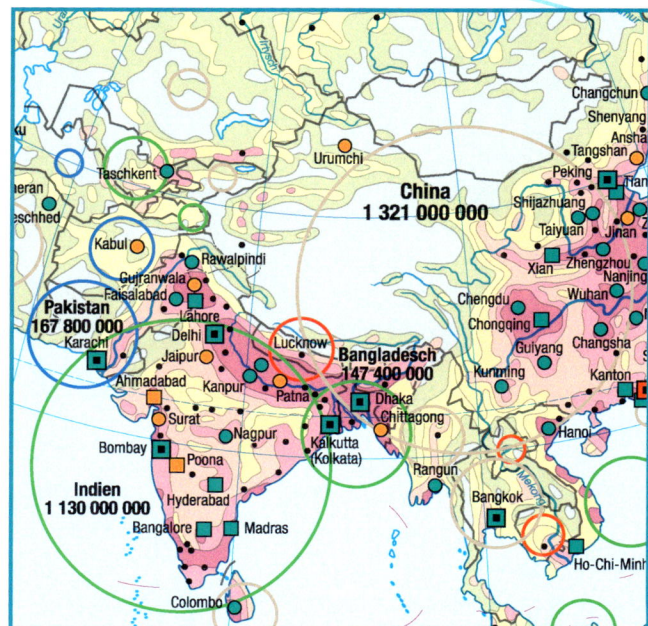

Die Bevölkerungskarten

Zu Deutschland, jedem Kontinent und zur Welt enthält der Diercke Weltatlas vergleichbare Bevölkerungskarten. Ihr auffälligstes Merkmal ist die Bevölkerungsdichte: Um die Einwohnerzahl pro Quadratkilometer darzustellen, wurde nach Praxistests in Schulen eine neue Farbskala entwickelt. Großstädte, Millionenstädte und die besonders bevölkerungsreichen Megastädte vervollständigen das Bild. Im kontinentalen Maßstab werden zudem das klassifizierte Bevölkerungswachstum der Staaten sowie das Wachstum in den städtischen Agglomerationen gezeigt. So entwickelt sich bei den Schülern eine klare Vorstellung von der regionalen und globalen Siedlungsdichte.

Der Diercke Weltatlas ...

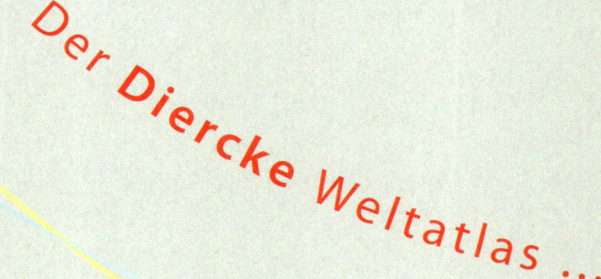

Ausschnitt aus »Deutschland – physisch«

Die physischen Karten

Dieser Leitkartentyp des Diercke Weltatlas ist so lebendig wie eh und je. Inzwischen ist der Computer dabei behilflich, die unzähligen Details der physischen Karten an das 21. Jahrhundert anzupassen. So wurden für die Neubearbeitung 2008 Zehntausende von Ortsgrößen und -schreibweisen kontrolliert.

Aus den physischen Karten lässt sich neben der Gestalt der Erdoberfläche noch mehr herauslesen, z. B. wie die Zentren eines Landes miteinander verbunden sind. Das zeigen nicht nur die Verkehrsstraßen, sondern auch die in mittleren Maßstäben neu aufgenommenen Häfen und Flughäfen.

Deutschland wird mehrfach mit physischen Karte bedacht: Ausgehend von einer neuen, besonders schnell erfassbaren Übersichtskarte über die doppelseitige Gesamtdarstellung bis hin zu den großzügigen Karten des nördlichen, mittleren und südlichen Teils unseres Landes wächst die Detailfülle. So können alle Bundesländer komplett mit ihren zentralen Orten gezeigt werden.

... im Spiegel seiner Kartentypen

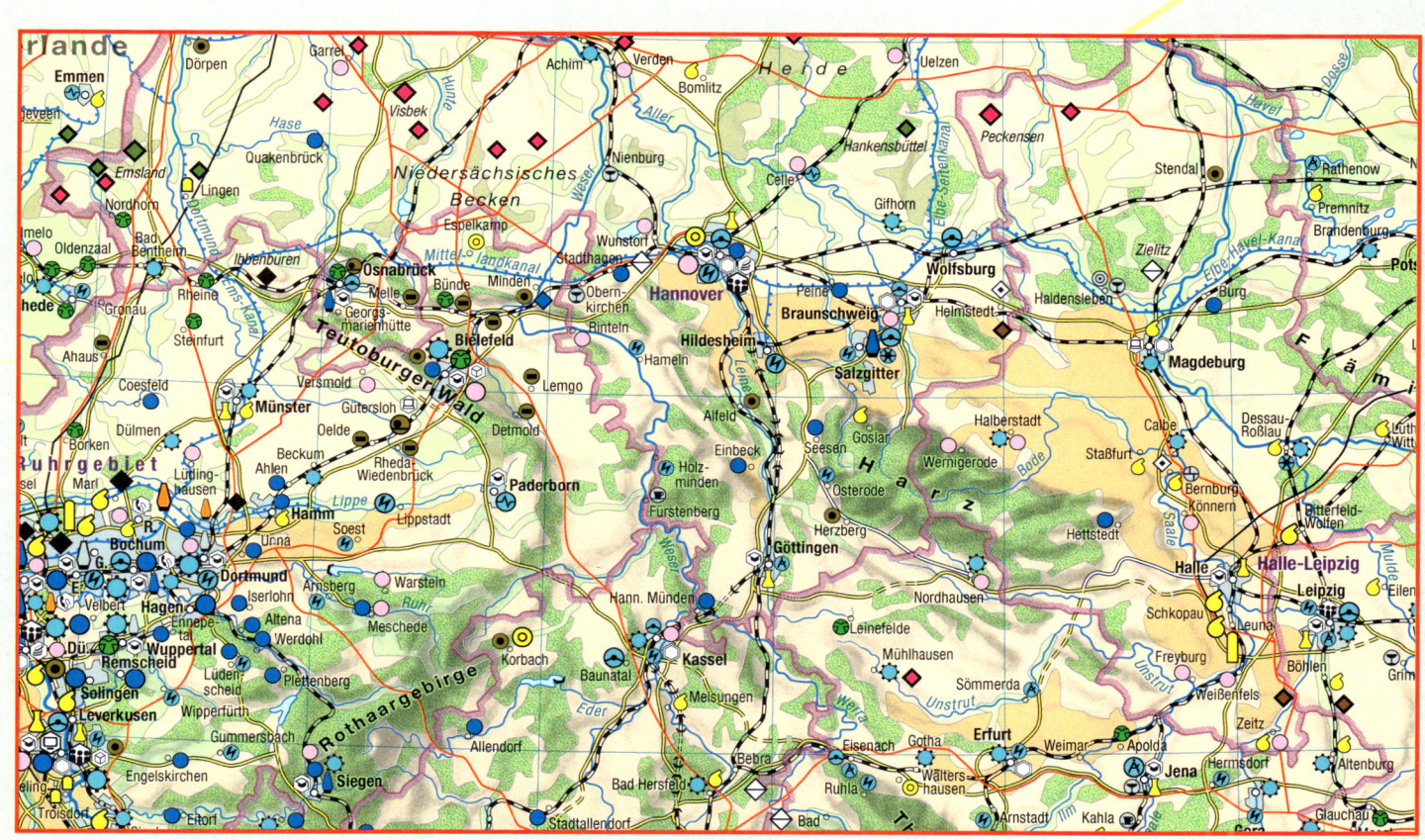

Ausschnitt aus »Deutschland – Wirtschaft«

Die Wirtschaftskarten

Viele detaillierte, den physischen Karten zur Seite gestellte Wirtschaftskarten zeigen die natürlichen Rahmenbedingungen sowie die Formen und Wirkungen des Wirtschaftens.

Die Bodenbedeckung und die Landnutzung der gesamten besiedelten Welt wurden für den Diercke Weltatlas nach klassifzierten Satellitenbildern neu erfasst und in die angemessene Formensprache gebracht. Auch sämtliche Kartenzeichen zu Landwirtschaft, Bergbau, Energie, Industrie und Dienstleistungszentren wurden neu recherchiert. Ihr Verteilungsmuster spiegelt die Ballungen einzelner Wirtschaftsaktivitäten wider; in der Schule können so zahlreiche Querbezüge herausgearbeitet werden.

Die traditionsreichen Diercke-Wirtschaftskarten sind somit ganz auf der Höhe der Zeit. Sie erlauben den Überblick über die räumlichen Gegebenheiten eines fernen Landes wie auch die intensive Auseinandersetzung mit ihren Detailinhalten, z. B. bei Raumanalysen.

Alle Kartenausschnitte dieser Zusammenstellung entstammen der Diercke Neubearbeitung 2008.

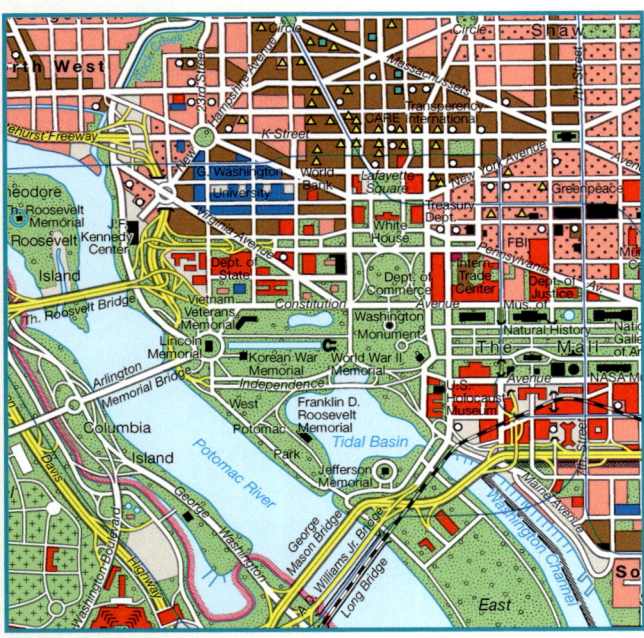

Ausschnitt aus »Washington D.C. – Machtzentrum«

Die Stadtkarten

Ob es in Geographie um die Merkmale der orientalischen oder der chinesischen Stadt geht, um historische Stadtkerne, geplante Städte oder um soziale Fragmentierung – der Diercke Weltatlas bietet Karten deutscher Städte und der Weltmetropolen in vergleichbaren Maßstäben. Auch in anderen Fächern spielen sie eine Rolle: In Englisch wird London thematisiert, in Französisch Paris. Über Rom wird in Latein, Geschichte oder in Religion gesprochen. Man behandelt Straßen und Bauwerke und ist froh, im Atlas die passenden Innenstadtkarten zu finden. Gegenüber anderen Stadtplänen ist für die Diercke-Stadtkarten eine prägnante innere Differenzierung kennzeichnend – entweder durch eine funktionale Gliederung oder durch die Ausweisung von Stadtvierteln ethnischer oder sozialer Prägung.

Ausschnitt aus »Freiburg – nachhaltige Stadtentwicklung«

Die großmaßstäblichen Fallbeispiele

Nicht immer reichen Überblicksdarstellungen aus, um die Natur oder die Lebens- und Wirtschaftsweisen einer Region angemessen vorzustellen. Deshalb enthält der Diercke Weltatlas seit vielen Jahrzehnten auch mittel- und großmaßstäbliche Karten, die beispielhaft für regionaltypische Sachverhalte stehen. Diese Fallbeispiele veranschaulichen Größen- und Lagebeziehungen, Nutzungskonflikte, Raumwirksamkeiten oder zeitliche Entwicklungen. Dafür werden alle Register der thematischen Kartographie gezogen, sodass sich über die Beschäftigung mit dem abwechslungsreichen Bestand auch die visuelle Kompetenz fördern lässt. Für die Aktualität und Richtigkeit der geographischen Sachverhalte bürgen »Kartenpaten« aus der Wissenschaft, für die adäquate schuldidaktische Umsetzung in der Westermann-Kartographie Berater aus der Schulpraxis.

Ausschnitt aus »Nord- und Mittelamerika – Wirtschaft«

Die Wirtschaftsüberblicke

Im selben Maßstab wie die anderen Kontinent-Überblickskarten wirft dieser neu entwickelte Kartentyp einen zusammenfassenden Blick auf die kontinentalen Wirtschaftsräume und -zentren.

Bei den Wirtschaftszentren wird betrachtet, welche Bedeutung (»Ausstrahlung«) einem Industrie- oder Dienstleistungszentrum im kontinentalen Maßstab zukommt und welche vorwiegende Ausrichtung ein Wirtschaftszentrum im globalen Städtevergleich charakterisiert. So unterscheiden sich Finanzzentren von politisch-kulturellen Zentren. Die Überblickskarten stellen auch dar, wie die wichtigen Wirtschaftsräume und -zentren über transkontinentale Verkehrsstraßen miteinander verbunden sind.

Als Kartenhintergrund zeigt der »Human Footprint«, wie stark der Mensch in die Umwelt eingreift.

Ausschnitt aus »Europa – ausländische Arbeitnehmer«

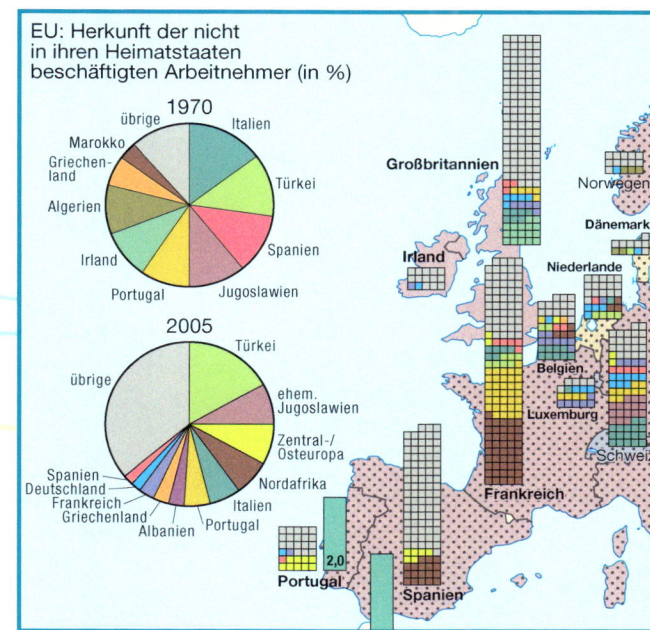

Die statistischen Karten

Um geographische Fragen intensiv behandeln zu können, sind nicht nur orientierende Grundkarten nötig, sondern auch Darstellungen raumbezogener Statistik. Bei der Veranschaulichung statistischer Daten ist die thematische Kartographie Texten und Tabellen überlegen. Die statistischen Karten im Diercke Weltatlas runden die Daten zur schnelleren Erfassung ab, setzen sie in ihren originalen Raumbezug und machen den intuitiven Vergleich von Mengen wie auch die akribische Analyse der raumbezogenen Daten möglich.

Mehrjährige Mittelwerte oder Prozentanteile schließen statistische Zufälligkeiten aus und sichern den Transfer in die Gegenwart. Zusätzlich bietet das Internet-Angebot mit dem WebGIS statistische Karten auf Basis neuester Daten zum Vergleich.

Atlasgestaltung: Kartenauswahl

Kontinuität und Wandel

Zwei Karten zeigen beispielhaft, dass einige Themen durch die Atlasgenerationen hindurch ihren Platz behalten und jede Lehrplanänderung überstanden haben: Zum einen ist es Rotterdam, das auch in Zeiten der Globalisierung seine Stellung als größter Seehafen Europas behaupten konnte.

Zum anderen ist es der Kilimandscharo, an dem sich wie an keinem anderen Berg die Höhenstufen der tropischen Naturlandschaft nachvollziehen lassen. Diese Fallbeispiele stehen auch im modernen Geographieunterricht außer Frage und finden daher weiterhin ihren Platz im Diercke Weltatlas.

Andere Themenkarten mussten jedoch aufgegeben werden. Über sie war die ökonomisch-technische und fachdidaktische Entwicklung hinweggegangen.

Rotterdam mit heute fast 600.000 Einwohnern ist in den letzten 50 Jahren enorm gewachsen und hat den angrenzenden ländlichen Raum der städtischen Landschaft einverleibt.

Wie kann der Kilimandscharo jede

In den Vordergrund gerückt: Die Stadt

Bei den siedlungsgeographischen Themen hat sich seit der Diercke-Ausgabe von 1957 der Schwerpunkt von den ländlichen zu den städtischen Siedlungen verschoben. Dies allein schon deshalb, weil das einst ländliche und intensiv landwirtschaftlich geprägte Umfeld von Städten in Industrie- und Dienstleistungsstaaten seit den letzten 50 Jahren meist von städtischen oder stadtnahen Strukturen überformt wurde: Dank dem gestiegenen Grad der Motorisierung lassen sich Arbeitsstätten in der Stadt heute leichter erreichen. Viele Familien der stetig gewachsenen Mittelschicht konnten sich also ihren Wunsch nach einem ländlich geprägten Wohnstandort erfüllen, ohne ihre Arbeitsplätze dafür aufgeben zu müssen. Dies führte dazu, dass der ländliche Raum immer stärker suburban überprägt wurde und der Pendlerverkehr immer größer werdende Distanzen überbrücken musste. Gleichzeitig wurde die Landwirtschaft Schritt für Schritt technisiert und teilweise von ihren natürlichen Grundlagen entkoppelt. Glückliche Kühe auf saftigen Weiden sind heute nur noch selten anzutreffen.

Unter diesen Aspekten kann der ländliche Raum im Umland städtischer Siedlungen Westeuropas als eine Variante des urbanen Raumes angesehen werden, wie das Beispiel Rotterdam zeigt.

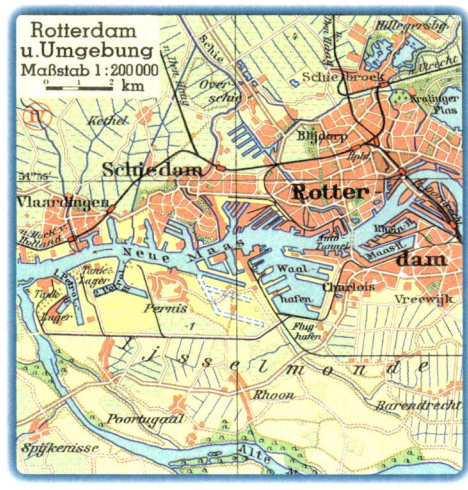

Rotterdam 1957

Diercke-Neubearbeitung überleben?

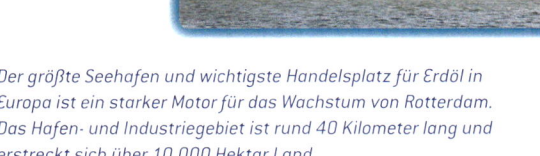

Der größte Seehafen und wichtigste Handelsplatz für Erdöl in Europa ist ein starker Motor für das Wachstum von Rotterdam. Das Hafen- und Industriegebiet ist rund 40 Kilometer lang und erstreckt sich über 10.000 Hektar Land.

→ → → Wie kann der Kilmandscharo ...

Auch in Entwicklungsländern haben sich die Stadträume ausgedehnt. Dort hat das Wachstum in das Umland jedoch zwei andere Ursachen: Erstens wächst die Stadtbevölkerung selbst enorm und zweitens wandern immer mehr Menschen vom Land in die Stadt, wo sie sich ein besseres Leben erhoffen.

Noch ganz traditionell: der Bananenanbau am Kilimandscharo.

Von unterschiedlicher Bedeutung: Das Land

Der ländliche Raum im ursprünglichen Sinn wird in allen Lebensbereichen von der Landwirtschaft geprägt. Dazu zählt ein hoher Anteil an Beschäftigten im Agrarsektor.
In den meisten westlichen Ländern finden sich solche Bedingungen nur noch in abgelegenen Gebieten und in Regionen mit Sonderkulturen wie Wein, Obst oder Gemüse. Meist sind es zudem Naherholungsgebiete mit einer touristischen Komponente.
Diese Entwicklung trifft nicht oder nur ansatzweise auf weniger entwickelte Regionen wie weite Bereiche Afrikas, Lateinamerikas und Asiens zu: Dort dominiert nach wie vor die Landwirtschaft in den Erwerbs- und Einkommensstrukturen. Entsprechend hat sich der Charakter der Siedlungen erhalten – wenngleich sie in den vergangenen fünf Jahrzehnten natürlich nicht unverändert blieben.
Dies spiegeln die entsprechenden Fallbeispielkarten des Diercke in den vergangenen 50 Jahren wider, wie am Beispiel der Region rund um den Kilimandscharo abzulesen ist.

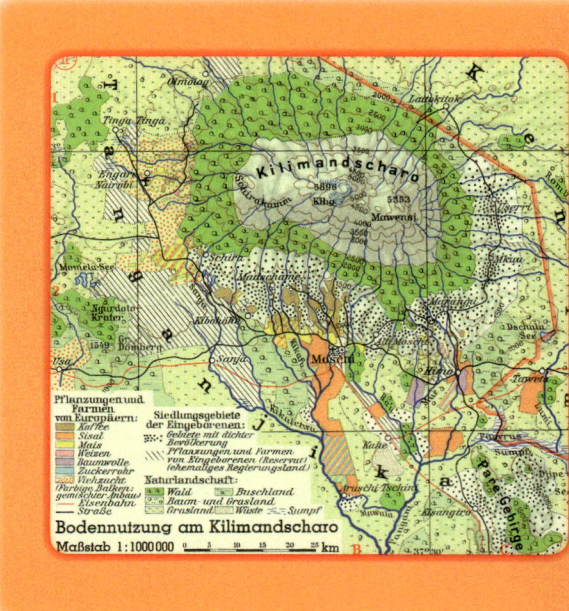

Ständiger Wandel auf festen Säulen

*Stadt par exellence:
Kairo ist mit über 15 Millionen Einwohnern einer der größten Ballungsräume der Erde und bedeckt immer größere Teile der fruchtbaren Niloase. Mehr als 19 Prozent der Ägypter leben hier.*

Überblickt man die Fallbeispiele im Lauf der Jahrzehnte, so werden grundsätzliche Schwerpunktveränderungen sichtbar. In den 1950er- bis 1970er-Jahren, zur Zeit des »braunen« Diercke, stand noch die Landschafts- und Länderkunde im Vordergrund, weshalb sich die thematischen Karten auf einfache Bodennutzungs- und Stadtstrukturkarten beschränkten.

Mit der Ausgabe von 1974 gewannen statistische und thematische Übersichts- und Fallbeispielkarten eine größere Bedeutung. Sie haben sich seitdem im Diercke so etabliert, dass sie aus der lernzielorientierten Atlasarbeit im Unterricht nicht mehr wegzudenken sind.

Bei Neubearbeitungen des Diercke Weltatlas werden Karten, deren Themen veraltet und nicht mehr lehrplanrelevant sind, grundsätzlich durch neue, an aktuellen Themen orientierte Karten ersetzt. So entfielen 2001 die Karten der Landwirtschaftlichen Produktionsgenossenschaft Gröningen zugunsten von Karten zur Nutzung alternativer Energien in Deutschland. Gröningen ist übrigens im neuen Diercke wieder unter einem anderen Aspekt interessant. Dieses Mal geht es in einem Zeitvergleich um die Folgen der Privatisierung. 2005 wurde wegen der starken Nachfrage kurzfristig eine Karte zur Tsunami-Katastrophe in Südostasien vom 26. Dezember 2004 aufgenommen.

Auch 2008 wurden im Diercke Weltatlas mit Karten zu Globalisierung, Nachhaltigkeit und Klimawandel neue Themenschwerpunkte gesetzt, die uns in der Gegenwart wie auch in der Zukunft beschäftigen werden. Die Gesamtheit der thematischen Karten im Diercke ist also eine Mischung aus Karten, die auf eine lange Tradition im Erdkundeunterricht zurückblicken und Karten, die die Aktualität im Blick haben.

*Verglichen mit Rotterdam scheint die Zeit am Kilimandscharo stehen geblieben zu sein:
Naturlandschaft und ländliche Siedlungsstrukturen prägen heute wie 1957 das Landschaftsbild rund um den höchsten Berg Afrikas.*

Atlasgestaltung: Kommunikation

Der Diercke Weltatlas ist ein seriöses Werk. Müssen Redakteure und Kartographen deshalb stets nur ernsthaft über ihre Arbeit gebeugt sein, um diesem hohen Anspruch gerecht werden zu können?

Dass dem nicht so ist, verdanken sie einigen Atlasnutzern, die mit ihren Briefen ein Schmunzeln auf die Gesichter der Beteiligten zu zaubern verstehen.

Die meisten Zuschriften sind so ernsthaft wie die Themen des Atlas. Einige sind mit einem Augenzwinkern formuliert. Bei einer Hand voll weiß man nicht genau, ob die Anfrage ein Scherz sein soll.

Doch eines ist garantiert: Die Antwort aus der Redaktion wird jedes Mal dem Ton der Frage angemessen sein.

Warum ist Böen eine

Was die Redaktion schmunzeln lässt

Zum Jahresbeginn 1990 war es einem aufmerksamen Fernsehzuschauer aus Nordrhein-Westfalen nicht entgangen, dass beim Wetterbericht immer wieder davon die Rede war, dass »in Böen starker bis stürmischer Wind« herrsche. Bei der Suche nach diesem windigen Ort Böen konnte er in seinem Diercke Weltatlas nicht fündig werden.

Jeder andere wusste, warum das so war. Seit der Antwort aus der Redaktion weiß es auch der Briefschreiber, denn mit freundlichen Grüßen schickte man ihm einen Auszug aus dem Wörterbuch, Stichwort »Bö«.

Was namenlos ist, muss nicht namenlos bleiben, dachten sich die Urlauber und tauften das Fleckchen kurzerhand »Tani Beach«. Kaum in die heimatliche Kälte zurückgekehrt, schrieb man an die Redaktion des Diercke Weltatlas. Dort möge man die neue Bezeichnung doch bitte in den Atlas aufnehmen und, ach ja: eine »Rückbestätigung« wäre schön. Den Verlag ehrte es sehr, dass sein renommierter Schulatlas als internationales Katasterverzeichnis verstanden wurde. Dem Wunsch konnte allerdings schon aus einem Grund nicht entsprochen werden: Die Insel findet sich zwar im Atlas, ist dort aber nur rund 0,8 Millimeter lang.

Ein Rettungsversuch

Zwei frisch Verlobte aus Bayern erkoren die Redaktion im August 1989 gar zur Richterin über ihr Glück. Sie hatten sich zerstritten: Liegt Lemgo nun in Nord- oder in Mitteldeutschland? Die einzige »kompetente Person«, den Streit zu schlichten, vermuteten sie beim Diercke Weltatlas. In der Antwort hieß es: »Wir wollen gerne versuchen, Ihr Glück zu retten, aber das ist gar nicht so einfach.« Aus süddeutscher Perspektive müsse die Antwort Norddeutschland heißen, die Geomorphologie tendiere eher zu Mitteldeutschland, aus politischer Sicht treffe beides nicht zu. Außerdem sei Mitteldeutschland ja eher »für das Gebiet der DDR belegt«. Ob der Schlichtungsversuch erfolgreich war, ist leider nicht überliefert. Doch sicher ist, dass wenig später die Trennung in zwei deutsche Staaten zur Geschichte gehörte.

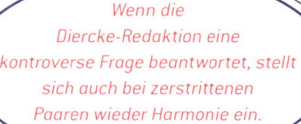

Wenn die Diercke-Redaktion eine kontroverse Frage beantwortet, stellt sich auch bei zerstrittenen Paaren wieder Harmonie ein.

so windige Gegend?

Im Herbst 2004 zeigte sich ein Paar aus Rheinland-Pfalz ganz von einer kurz zurückliegenden Traumreise beseelt. Man sei per Kreuzfahrtschiff von Hawaii nach Kiribati unterwegs gewesen und habe dabei auch das »Eiland« Tabuaeran kennengelernt. Im Süden der Insel verwandelten nach Meinung der Weitgereisten einige Palmen einen namenlosen Strandabschnitt in den »vielleicht schönsten Punkt der Erde«.

Atlasgestaltung: Kommunikation

Hunderte von Karten umfasst der Diercke Weltatlas und jede einzelne ist angefüllt mit Informationen. Manchen Menschen bereitet es Vergnügen, die Karten mit der eigenen Ortskenntnis zu vergleichen und Ungereimtheiten aufzudecken. Andere lieben es, in unbekannten Räumen mit dem Finger auf Wanderschaft zu gehen und sich ihren Teil bei den aufbereiteten Informationen zu denken. Dabei kommen Schüler (oft ganze Klassen), Lehrer oder Freunde von Kreuzworträtseln immer wieder zu überraschenden Erkenntnissen, wie die Karten verbessert werden könnten. Auch wenn eine Karte selbst Zuspruch findet, so ließe sich vielleicht in ihrer Legende noch eine Formulierung ändern. So wächst schnell die Versuchung, an den Verlag zu schreiben.

Post aus Kathmandu

Als »Langläufer« hat ein Schulatlas kein tägliches Leserecho wie andere Medien. Auf mehrere Zuschriften pro Woche kommt die Diercke-Redaktion dennoch. Früher kamen sie per Brief und Postkarte, heute meistens per E-mail,

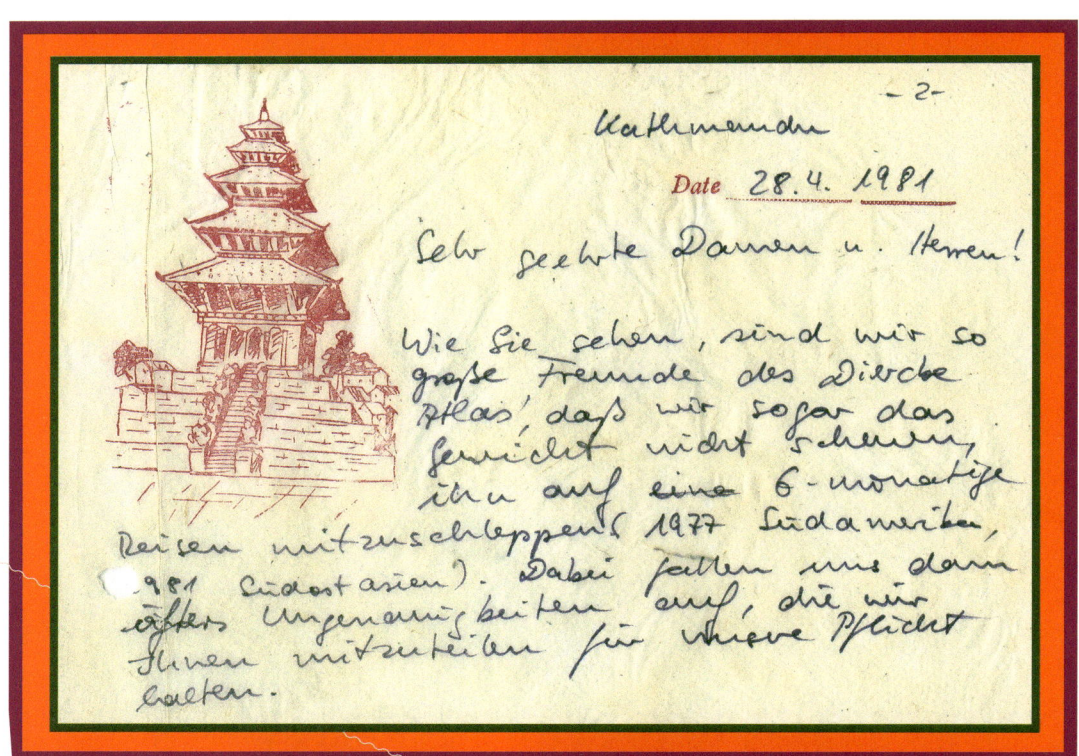

Mein Verbesserungs

was die Rückmeldungen unmittelbarer und zahlreicher gemacht hat. Weite Entfernungen waren nie ein Hindernis, selbst aus Nepals Hauptstadt Kathmandu und aus Neukaledonien trafen Anregungen in Braunschweig ein.
Wer sich davon überzeugen möchte, dass Neukaledonien wirklich weit von Niedersachsen entfernt ist, findet natürlich auch im neuen Diercke die passende und auch in den Einzelheiten korrekte Karte.

Aufmerksame Schülerinnen und Schüler

Die Reaktionen sind von Gruppe zu Gruppe unterschiedlich: Lehrer vertiefen sich bei ihren Vorbereitungen von Unterrichtsstunden, Klausuren oder Abiturprüfungen besonders intensiv in den Atlas. Entsprechend oft wünschen sie Auskünfte zur Entstehung der Karten und zur angemessenen Auswahl der von ihnen benutzten Sekundärliteratur. Schülerbriefe schätzt die Redaktion besonders. Sie zeigen oft mit großem Gespür, wie Schwierigkeiten bei der Kartenauswertung vermieden werden können. Kein Wunder, schließlich sind es Schüler, die diese Schwierigkeiten immer wieder »erleiden« müssen. Privatpersonen interessiert alles: vom Ortsnamen bis zum Sammlerwert historischer Ausgaben. In den Briefen von Firmen und Institutionen kommt zum Ausdruck, dass der Diercke auch außerhalb der Schule als Standardatlas benutzt wird.

So ist es der Aufmerksamkeit einzelner Nutzer zu verdanken, dass mancher Karteninhalt zügig eingetragen – oder eben entfernt – wurde. Dazu gehören eine fertiggestellte Autobahnbrücke zu einer griechischen Insel, ein neues Museum in London und eine geschlossene kanadische Kupfermine ebenso wie ein inzwischen anders bebauter Block in Dortmund und eine neue Umgehungsstraße in Sachsen-Anhalt.

Name | Klasse 5g | Datum 20.10.04 | Blatt

Sehr geehrte Damen und Herren des DIERCKE Weltatlas,
Wir haben in ihrem Atlas einen kleinen Fehler entdeckt, als wir lustige Namen suchen mussten. Im Register steht Masheidi (S. 152, B2) und auf der Karte steht Masheiki. Doch leider wissen wir jetzt nicht welcher der beiden Namen richtig ist. Aber trotzdem ein dickes Lob an sie, sie sind echt SPITZE! (Ihr seid spitze!)
STEHT IN 5. AKTUALISIERTE AUFLAGE 2002
Macht weiter so! Viele Grüße von Alisa, Katharina, Frau Weckwerth und der Klasse 5g des Dientzenhofer-Gymnasiums Bamberg!
Westermann + Diercke Weltatlas COOL!
Wir würden uns über eine Antwort des Ortes freuen. Dankeschön!

Atlas S. 152 B2
Register: Masheidi
S. 152/B2: Masheiki ?

Klasse 5g
Dientzenhofer Gymnasium Bamberg
Feldkirchenstraße 20 96052 Bamberg

Atlas S. 152 B2
↓
Register: Masheidi
S. 152 / B2: Masheiki ?

Weder noch:
Mazeikiai
(nach DUDEN-Wörterbuch
Baltikum-/GUS- Ortsnamen
und www)
→ ins DIERCKE-KorrEx.
übertragen

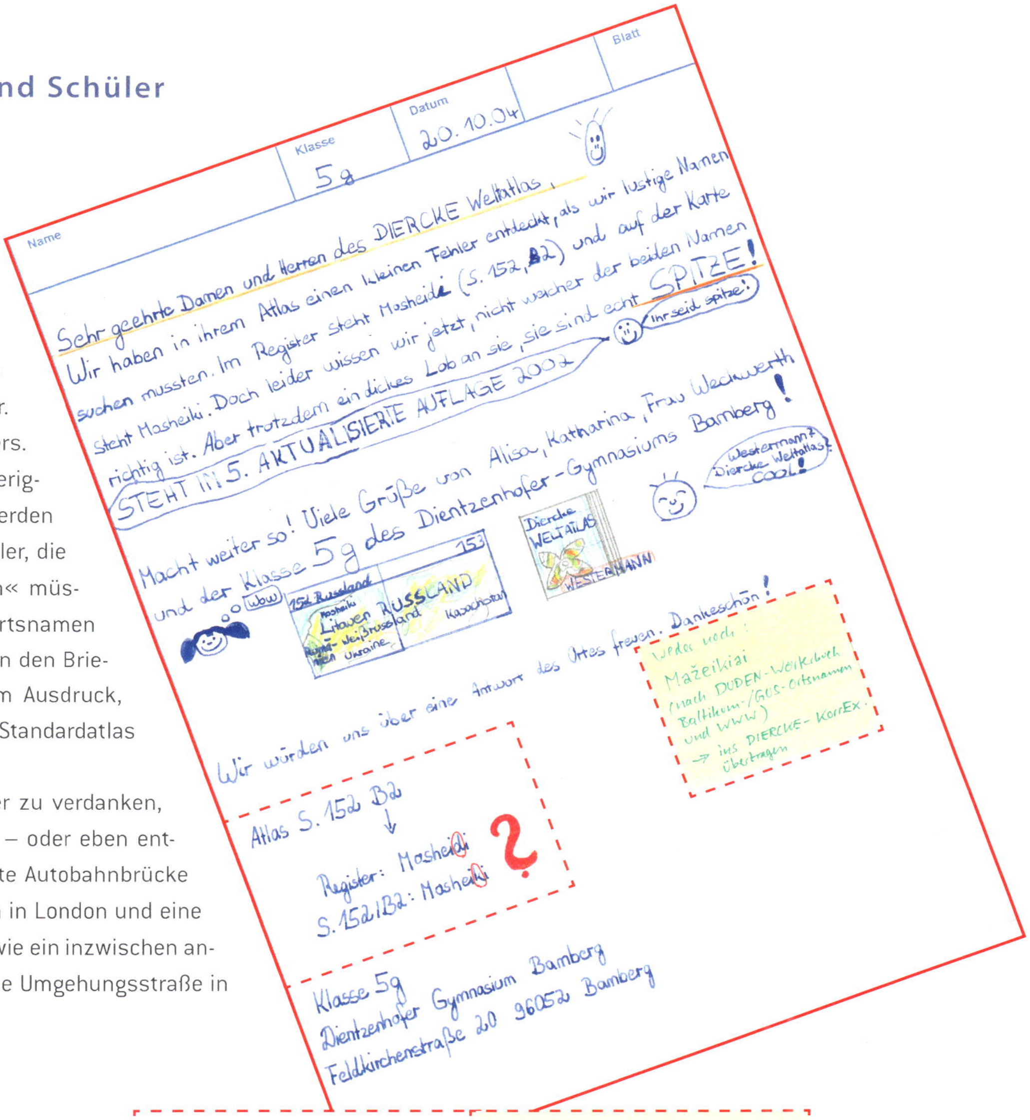

vorschlag landet ohnehin im Papierkorb, oder!?

Konstruktive Kritik der besonders netten Art. Motiviert sind wir der Sache nachgegangen...

→ → → Mein Verbesserungsvorschlag landet ohnehin ...

Manche Nutzer ersetzen ein Expeditionskorps, wie derjenige, der 1988 darauf aufmerksam machte, dass der See Lop Nur am Rand der Wüste Takla Makan schon seit einigen Jahren ausgetrocknet sei. Entsprechend wandelte sich im Diercke Weltatlas die Signatur von blau zu weiß. Einige konzeptuelle Änderungen bekannter Karten gingen auf eine didaktisch orientierte Kartenkritik der Atlasnutzer zurück. Wenn z. B. die Unterrichtspraxis zeigte, dass andere Formulierungen oder Reihenfolgen in einer Legende oder eine andere Farbgestaltung von Kartenelementen vorteilhafter wären, hatte die Redaktion stets ein offenes Ohr.

Mancher Zuschrift verlieh die ganze Klasse Nachdruck.

Willkommene Spitzfindigkeit

Das wird auch in Zukunft so bleiben. Schließlich geht es darum, Qualität und Aktualität des Diercke Weltatlas nachhaltig zu sichern. Für dieses Ziel sind alle Anmerkungen wichtig, auch und besonders vermeintlich spitzfindige zu altbewährten Karten. Denn viele Details würden weder der Redaktion so schnell auffallen, noch den Wissenschaftlern und Lehrkräften, die für die meisten Karten als Ansprechpartner oder Autor zur Verfügung stehen. Im Papierkorb landet daher keine einzige Zuschrift. Im Gegenteil: Die Redaktion prüft die Vorschläge und bereitet im gegebenen Fall die Änderung der Karte zum nächsten Jahresdruck vor. Spätestens zu diesem Zeitpunkt erhält auch jeder Einsender eine dankende Rückmeldung mit einem Sachkommentar.

West oder Ost?
Ein Brief von 1998

»*Gestatten Sie einem – jetzt pensionierten – Geographielehrer einen Hinweis auf eine kleine Ungenauigkeit. Das Zeichen für die Ruinenstätte Wadelai im nördlichen Uganda ist auf der Ostseite des Nils platziert. Die Ruinenstätte Wadelai liegt zwar am Nil, aber auf der westlichen Seite des Flusses, gegenüber der Stelle, wo das Ruinenzeichen seinen Platz auf der Karte hat.*«

Wo war Wadelai? Am Ufer des Albert-Nils

In detektivischer Kleinarbeit geht der Briefschreiber dem Fehler nach: In der 34. Auflage von 1898 fand er den Eintrag korrekt auf der Westseite des Nils – was bis 1907 der Fall blieb. Vier Jahre später war Wadelai auf gleich zwei Karten eingetragen: bei der einen auf der Ost-, bei der anderen auf der Westseite. Erst in der 85. Auflage hatten die Kartographen die Inkonsequenz korrigiert – leider falsch, denn alle Karten zeigen Wadelai von da an im Osten.

»Wenn Sie nun fragen sollten: ›Wie kommt der Mensch ausgerechnet auf Wadelai?‹, so würde die Antwort lauten: ›Weil ich sieben Jahre in Uganda gelebt habe und so quasi zwangsläufig auf Eduard Schnitzler (Dr Mehmed Emin Pascha) und seine Spuren in Ostafrika gestoßen bin.‹«

»Wenn die Erinnerung an Eduard Schnitzler in so einem renommierten Atlas wie dem Diercke wachgehalten werden soll, dann plädiere ich für eine entsprechende Signatur auf der Westseite des Nils. Der nächsten Ausgabe des Diercke Weltatlas sehe ich mit wadelai-ischem Blick entgegen.«

Der Eintrag ist heute aus dem Diercke verschwunden. Für den modernen Geographieunterricht spielt er keine Rolle mehr.

Im Brennpunkt: Höhenmessung

»Die Muttergöttin der Erde«

Weitaus länger als Menschengedenken erhebt sich der höchste Berg der Erde im Himalaya. Die Einheimischen verehrten ihn von Beginn an, für die Sherpa war er Chomolungma, die »Muttergöttin der Erde«, in Tibet galt er als Lhochamalung, das »Gebiet, wo Vögel gehalten werden«.

Für die Höhe des Giganten interessierte sich niemand. Dann kamen die Europäer.

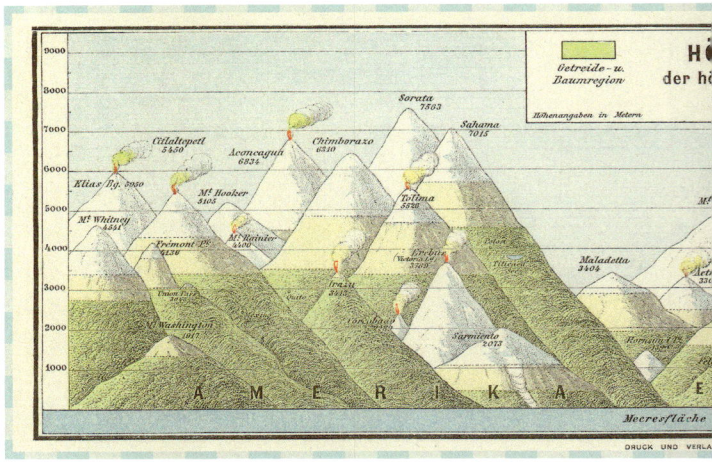

Wie schnell wachsen Berge?

Ab 1852 zwängten sie den von ihnen schnöde »Peak XV« genannten Gipfel in ihr Korsett aus Vermessung und Kartierung.

Die veröffentlichte Höhe des 1856 offiziell Mount Everest Getauften war angesichts der damaligen Methoden erstaunlich präzise: 29.002 Fuß oder 8840 Meter.

Mit dieser Zahl war der Berg jahrzehntelang im Diercke Weltatlas verzeichnet. Generationen von Schülern mussten sich die Höhe einprägen, viele als Erwachsene noch umlernen: 1954 ergab eine Vermessung die Höhe von 8848 Meter, die in den nächsten Jahrzehnten in Stein gemeißelt blieb.

Was stimmt denn nun?

1988 sorgte ein italienisches Vermessungsteam für Verwirrung, der Mount Everest sollte auf 8872 Meter angewachsen sein.

Das Institut für Angewandte Geodäsie in Frankfurt am Main und das Statistische Bundesamt in Wiesbaden übernahmen den Wert. Da sich die Redaktion des Diercke Weltatlas an deren Daten orientiert, wurde der Atlas korrigiert. Kurz darauf hieß es wieder 8848, dann plötzlich 8850 und schließlich gar 8844 Meter; der für die Ausgabe 2008 gültige Wert steht bei 8846 Metern.

Ob man sich diesen Wert nun einprägen möchte oder nicht: Forscher werden jedenfalls immer findiger. Vermessen wird heute u. a. mithilfe von Radarsatelliten, deren Strahlen die Eisdecke bis zum Fels durchdringen.

Seit Jahren verliert der Kilimandscharo Eis in seiner Gipfelregion und somit an Höhe. Afrikas höchster Berg wird er dennoch bleiben.

1953 als erste auf dem Dach der Welt: Tenzing Norgay und Edmund Hillary

Auf dieser kunstvollen Anordnung aus dem allerersten Diercke überragt der Gaurisankar
mit 8840 Metern die höchsten Gipfel der Erde. Gemeint war aber der Chomolungma, also der Mount Everest.
Im 19. Jahrhundert war die Verwechslung der beiden Bergriesen weit verbreitet.

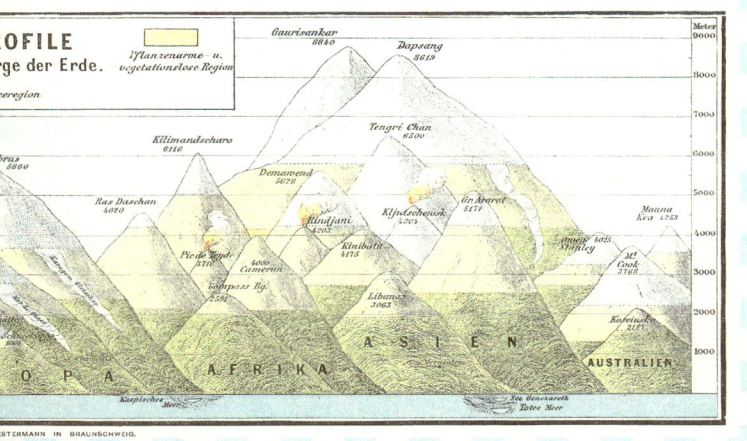

Zweifel bleiben

Das Durcheinander um die Angaben bescherte der Redaktion regelmäßig Post. Die Fragenden waren verwirrt, in den Antworten spiegelte sich die Ohnmacht der Redakteure: »Seit es die Diercke-Atlantenreihe gibt, ist in den Karten nichts so oft geändert worden wie die Höhe des Mount Everest.« Erklärt wurden die Änderungen mit den Fortschritten bei der Messgenauigkeit. Das Prinzip gilt für alle Gipfel: Früher wurde mit optischen Geräten gearbeitet, in manchen Fällen konnte die Höhe sogar nur indirekt aus dem Luftdruck abgeleitet werden. Im Satellitenzeitalter hat bei der Angabe »über Normalnull« eine nie gekannte Präzision Einzug gehalten. Das aber macht nicht wirklich Sinn, denn der Meeresspiegel ist nicht überall gleich weit vom Erdmittelpunkt entfernt. Die Erdoberfläche ist »gewellt« und weicht um ±50 Meter von einer idealen Rundung ab. Auf nur eine Normalnull Bezug zu nehmen, ist also ziemlich verwegen.

Vulkane wachsen und schrumpfen manchmal schnell

Einer 6. Gymnasialklasse aus Schleswig-Holstein war 2000 aufgefallen, dass die Höhe des Ätna in älteren Atlasausgaben mit 3240 Metern bzw. 3268 Metern angegeben war. Der Vulkan bricht in so regelmäßigen Abständen aus, dass die italienische Landesvermessung kaum hinterherkommt. 1974 führte der Diercke Weltatlas die Höhe z. B. noch mit 3323 Metern, aktuell liegt er bei 3350 Metern.

Ein Beispiel für eine extreme Höhenabnahme ist der Mount St. Helens im Nordwesten der USA. Bis 1980 schlummerte er mit 2948 Metern Höhe. Am 18. Mai wurden bei seiner Explosion fast 400 Meter der Spitze weggesprengt. Das Ergebnis verzeichnen alle folgenden Diercke-Atlanten: 2549 Meter.

Europas höchster aktiver Vulkan ändert
ständig seine Höhe. Vor der Eruption
von 1968 gab der Diercke 3268 Meter an, danach 3370.

Atlasgestaltung: Ortswahl

Wo sind Neukirchen-Vluyn und Kropp abgeblieben?

Auch Hohenmölsen, Fernwald und Helmstadt-Bargen sucht man auf den Karten und im Register vergeblich. In vielen Briefen an die Redaktion zeigen sich die Verfasser enttäuscht darüber, dass im Diercke Weltatlas ihr Heimatort nicht zu finden sei. Die Entrüstung ist umso größer, wenn es der Nachbarort in den Atlas »geschafft« hat – und das, obwohl er kleiner ist.

Leider nicht geschafft. Diese drei Kanditaten sind im Diercke Weltatlas nicht zu finden.

Warum ist gerade mein Wohnort nicht

Hier stimmt alles. Nicht zu groß, nicht zu klein – und dann auch noch im Diercke Weltatlas vertreten.

Volle Konzentration

Was eigentlich ist die Aufgabe eines Schulatlas? Was soll er und was kann er leisten? Bei einem Autoatlas ist das klar, er muss die Lage noch des kleinsten Ortes preisgeben. Doch jeder kennt das Problem: Wehe dem, der kurz seinen Blick vom gesuchten Dörflein zur nahe gelegenen Großstadt hat schweifen lassen. Er wird kaum auf Anhieb zu seinem Zielort zurückfinden. Noch schwerer ist auf der Karte zu erkennen, welcher Fluss in der Gegend fließt. Das Auge findet den Weg zum Fluss nur dann, wenn das Gehirn andere Karteninhalte bewusst verdrängt. Vorsicht: Wer sich ablenken lässt, darf mit der Suche von vorne beginnen.

Ein bisschen »Augenpfeffer«. Das Lesen von Straßenkarten kann schon mal zu Diskussionen führen.
Da ist die »aufgeräumte« Karte von Kiel im Diercke von 1974 übersichtlicher ...

im Diercke Weltatlas zu finden?

Weniger ist mehr

Beim Schulatlas ist das anders. Er ist als Lehrmittel konzipiert und somit ist es seine Bestimmung, mit Karten einen Überblick über Räume zu schaffen. Überblick lässt sich nur durch Übersichtlichkeit gewinnen. Um die zu erlangen, müssen Inhalte reduziert werden. Die Reduktion verläuft je nach Maßstab und Funktion der Karten unterschiedlich.

So zeigt die physische Übersichtskarte von Europa im Maßstab 1: 16 Millionen nur die wichtigsten Gebirge, Flüsse und Städte des Kontinents. Das ist ideal, um sich topografisches Grundwissen anzueignen. Je näher auf Deutschland fokussiert wird, desto mehr Inhalte finden natürlich in der Karte Platz. Aber auch die Deutschlandkarte im Maßstab 1: 2,25 Millionen zeigt kaum einen Ort mit weniger als 20.000 Einwohnern.

Selbst die Städte, die über diesem Grenzwert liegen, sind sorgfältig ausgesucht. Bei näherem Hinschauen haben sie meist mindestens 50.000 Einwohner, den Status einer Kreisstadt, eine andere wichtige Funktion oder Einrichtung der Verkehrsinfrastruktur. So suchen die Einwohner von Langenhagen ihren Heimatort im Atlas deshalb nicht vergeblich, weil sich dort der internationale Flughafen von Hannover befindet.

Ein netter Brief hilft

Die letzte Hoffnung, den eigenen Wohnort erwähnt zu wissen, geben die physischen Karten von Deutschland im Maßstab 1: 1,5 Millionen. Bewohner von Orten mit mehr als 20.000 Einwohnern, die von den Karten im kleineren Maßstab enttäuscht wurden, sollten spätestens jetzt fündig werden.

Ist dies nicht der Fall, besteht ein berechtigter Grund, einen netten Brief an die Atlasredaktion zu schreiben. Denn der Maßstab der Karten ist so gewählt, dass Städte dieser Größenklasse hier Platz finden sollen. Bei den kleineren Orten verhält es sich anders. Diese werden nur ausnahmsweise in die Karten aufgenommen, wobei sie nach der höheren, meist kulturellen Bedeutung eines Ortes ausgewählt werden. Dabei kann es dann eben passieren, dass dem kleineren Nachbarort im Atlas mehr Bedeutung beigemessen wird als dem eigenen Wohnort, auch wenn dieser Heimat und Lebensmittelpunkt sein mag.

Der Diercke Weltatlas kann bei kleinteiliger Heimatkunde oder als Navigationsassistent also nur enttäuschen. Das beste Hilfsmittel ist er aber dann, wenn man einen zuverlässigen Überblick über das eigene Bundesland oder über andere Länder und Erdteile erhalten möchte.

Im Brennpunkt: Datenbeschaffung

»Unerforscht«

Als 1883 der erste Diercke Weltatlas erschien, war es noch nicht lange her, dass zahlreiche weiße Flecken von der Weltkarte verbannt worden waren: Erst zehn Jahre zuvor hatte William Gosse als erster Weißer im Inneren Australiens den Uluru erreicht, den er Ayers Rock nannte. Eine Generation zuvor, im Jahr 1855, stand David Livingstone als erster Weißer vor den Victoriafällen im südlichen Afrika. 1841 war es James Clark Ross, der als erster Mensch überhaupt den Mount Erebus in der Antarktis erblickte. Ab der zweiten Hälfte des 18. Jahrhunderts stellten sich Entdecker auch in den Dienst der Wissenschaften, die Kartierung neuer Landstriche ist seitdem obligatorisch. Zu zwei Weltgegenden konnte der Diercke Weltatlas anfangs keine genauen Karten bieten: Sowohl in der Nord- als auch in der Südpolarregion musste über viele Auflagen hinweg ein »Unerforscht« platziert werden. Roald Amundsen hatte 1911 zwar als Erster den Südpol erreicht, zum Erkenntnisgewinn über die Topografie der Antarktis hatte das jedoch nur wenig beigetragen.

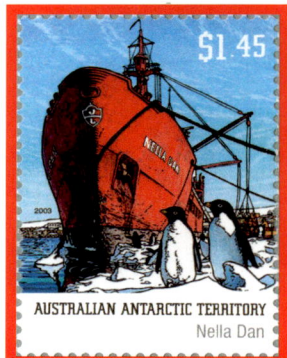

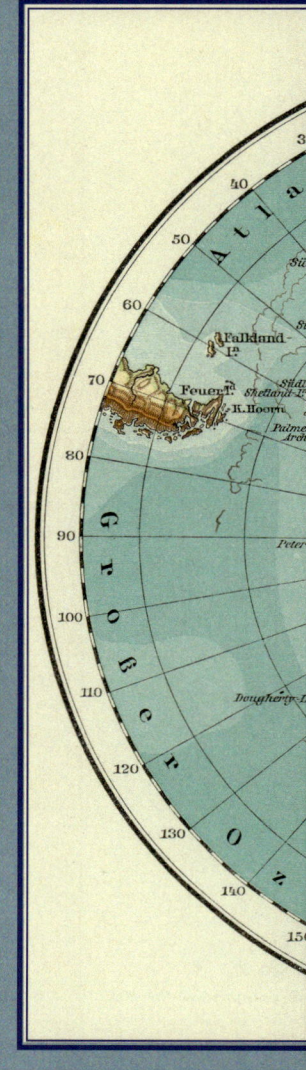

Die Atlaskarte von 1911 zeigt, dass die Gestalt der Antarktis damals noch weitgehend unbekannt war. Im Laufe des 20. Jahrhunderts haben Expeditionen zahlreicher Nationen dazu beigetragen, die Südpolregion zu entschleiern. Zu den Pionieren gehörte Ernest Shackleton, den es von 1901 bis zu seinem Tod 1922 immer wieder dorthin zog.

Werden sich jemals alle

Jeder Winkel der Erde

Im Laufe des 20. Jahrhunderts verdichtete sich das Wissen um die Erdoberfläche rasant. 1959 startete der erste – wenn auch rein militärische – Erdbeobachtungssatellit der NASA ins All. Heute ist die moderne Kartographie ohne Luft- und Satellitenbilder nicht mehr denkbar.

Jeder Winkel der Erde ist unzählige Male überflogen und als Aufnahme gespeichert worden. Das heißt allerdings nicht, dass aus allen diesen Daten auch angemessene Karten erstellt worden sind, die als Grundlage für den Diercke Weltatlas dienen könnten.

verfügen? Problematisch wird es bei topografischen oder thematischen Karten aus Räumen, die keine Kartierungstradition haben. So gibt es in manchen Entwicklungsländern heute eine unvollständigere kartographische Erfassung, als es dort Jahrzehnte zuvor der Fall war.

In der Neuausgabe 2008 des Diercke Weltatlas finden sich einige solcher Beispiele, etwa aus Afrika. Aus dem Kongobecken wird die Landwechselwirtschaft der Nkundu-Bantus vorgestellt. Die von Krisen geschüttelte Demokratische Republik Kongo verfügt über kein aktuelles Kartenmaterial in ausreichendem Maßstab, sodass die Anbau- und Siedlungsflächen sowie der Verlauf eines Flusses nur von einem Luftbild und von Kartenberatern vor Ort übernommen werden konnten. Auch im Fall eines Rosenanbaugebiets am kenianischen Naivashasee konnte nicht auf eine Karte oder ein hoch auflösendes Satellitenbild zurückgegriffen werden.

»weißen Flecken« auf der Weltkarte füllen lassen?

Lückenlose Kartierung?

Dabei sind nicht die Mysterien von früher die kritischen Fälle, etwa der Lauf des Nil oder das Labyrinth der pazifischen Inselwelt.

Aber wird man je lückenlos über angemessene Kartierungen der Sahara oder des brasilianischen Regenwaldes

Aktuelle Luftbilder wurden aus einem schräg fliegenden Kleinflugzeug aufgenommen. Die Karte wurde schließlich nach einer Entzerrung der Bilder gefertigt, bei der Ergänzung und Korrektur half der ansässige Flower Business Park.

Auch wenn sich bei der Kartierung der Erdoberfläche also immer wieder weiße Flecken ergeben werden, trägt der Diercke Weltatlas doch seit 125 Jahren dazu bei, ein genaueres Verständnis der Erde zu vermitteln.

Atlasgestaltung: neue Karten

Ständige Anpassung erforderlich

Angesichts der vielen globalen Umweltveränderungen der letzten Jahrzehnte stellt sich mancher Diercke-Kenner die Frage, wie es wohl mit dem Klimawandel im neuen Atlas bestellt sei. Zwar enthält der Diercke Weltatlas schon lange naturgeographische Übersichtskarten und regionale Fallstudien. Die Umwelt hat sich aber vielerorts so offensichtlich verändert, dass darauf besonders reagiert werden muss. Schrumpfende Gletscher, schwindende Eisbedeckung, ausbleibende Niederschläge, verschobene Vegetationszonen – gerade die vielen Facetten des Klimawandels erfordern ständige Anpassungen in Karten aller Maßstäbe. In der Neubearbeitung des Diercke Weltatlas können nun Klimaveränderungen und -folgen auf der Höhe der Zeit dargestellt werden. So bekommen Schüler und Studenten die nötigen Arbeitsgrundlagen, wenn sie sich mit dem globalen Wandel auseinandersetzen.

Auch Hurrikane thematisiert der Diercke Weltatlas. Offen ist, wie eng ihr vermehrtes Auftreten mit der globalen Erwärmung zusammenhängt.

Hurrikan »Dean« 2007

Änderungen im Detail

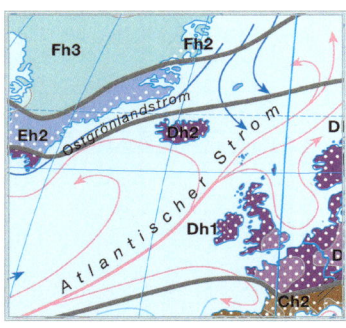

Nach Siegmund/Frankenberg liegt Grönlands Südzipfel nun in den Mittelbreiten (D). Zu dieser gemäßigten Zone gehört neuerdings auch Island.

Für die Neuausgabe 2008 wurden alle Kontinentübersichtskarten der Klimaparameter Temperatur und Niederschlag nach aktuellen Daten neu entworfen. In den vergangenen Jahrzehnten hat sich zudem das globale Messnetz weiter verdichtet, was allein schon ein genaueres Bild erzeugt. Nach wie vor werden im Weltteil des Atlas in vier globalen Klimagliederungen die wichtigsten klimazonalen Darstellungen vorgestellt. Sowohl bei der bekannten effektiven Gliederung nach Köppen/Geiger als auch bei der neu präsentierten didaktischen Klimakarte von Siegmund/Frankenberg grenzen sich die Klimazonen durch klare Messparameter voneinander ab. Hier ist es interessant zu sehen, wie sich das bekannte Bild der Klimazonen aufgrund der neuen Messdaten im Detail ändert. So gehört nach Siegmund die Südspitze Grönlands heute nicht mehr zur Polarregion, sondern zu den Mittelbreiten. Kein Wunder, denn auf »Grünland« beginnt man, Kartoffeln und Erdbeeren unter Folie anzubauen.

Klima als langfristiger Prozess

Seit der Geburt der Erde befindet sich das Klima in ständiger Entwicklung. Aber noch nie wurden die Veränderungen so sehr von Menschenhand beeinflusst wie zu Beginn des

auch im Atlas statt?

21. Jahrhunderts – und das in einer zunehmenden Beschleunigung. Um diese Verläufe zu begreifen, brauchen Schüler nicht einmal verschiedene Diercke-Ausgaben miteinander zu vergleichen. Allein die vertiefte Beschäftigung mit vielen Karten und Diagrammen der Neuausgabe 2008 bringt diese Erkenntnis. So führt die über mehrere Jahrhunderte verfolgte Klimaentwicklung im Alpenraum letztlich zu den aktuellen Wissenschaftsfragen: Welches Ausmaß hat die natürliche Klimavariabilität? Wann setzt der menschliche Einfluss auf das Klima spürbar ein? Welchen Anteil am Klimawandel hat der Mensch überhaupt?

Überblicke und Prognosen

Die Klimagliederungen werden neuerdings durch eine dynamische Betrachtung des Klimageschehens ergänzt, z. B. durch Karten der klimawirksamen Meeresströmungen oder durch den Mut zu klimatischen Szenarien mit Prognosen bis zum Jahr 2100. Der neue Diercke nimmt die großräumigen atmosphärischen Phänomene in den Blick, wie das ozeanisch-atmosphärische Strömungssystem El Niño oder die Nordatlantische Oszillation, die unser Winterwetter prägt. Er zeigt aber auch die Veränderungen im Detail – sei es der schwindende Schneegipfel des Kilimandscharo oder die langjährige Niederschlagsentwicklung in der Sahelzone. Die vielen Klimadiagramme zeigen Durchschnittstemperaturen und -niederschläge deutlich gegenwartsnäher.

Der Klimawandel ist auch die Ursache für den Rückzug des Rhonegletschers. Neues Fallbeispiel aus der Diercke Neubearbeitung 2008

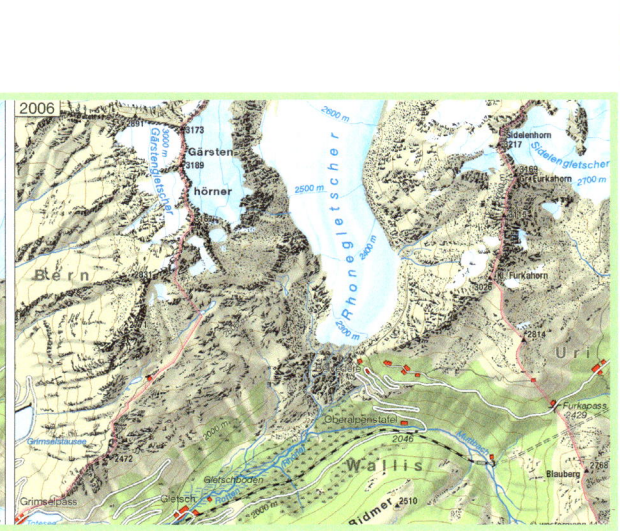

Atlasgestaltung: Kartenanpassung

Seit jeher verändert der Mensch seine Umwelt. Oft nur gering, seit Jahrzehnten aber immer wieder in Dimensionen, die selbst in den kleinmaßstäblichen Karten eines Weltatlas protokolliert werden müssen.

Wo die Zuider Zee war

So zeigen die ersten Generationen des Diercke Weltatlas Amsterdam noch am Ufer der Zuider Zee, eine im 13. Jahrhundert entstandene Meeresbucht der Nordsee. Um die Küste zu schützen, wurde 1932 ein Abschlussdamm geschaffen. Das so entstandene IJsselmeer wandelte sich zum Süßwassersee, in seinem Süden entstand ab den 1940er-Jahren Neuland durch Polder. In den folgenden Ausgaben des Diercke Weltatlas kann man wie in einem Geschichtsbuch blättern, sie zeigen die Entwicklung der Polder von der Planung bis zum Endstadium. Seit 1974 gibt eine Karte den Verlauf dieser Neulandgewinnung sogar akribisch mit Jahreszahlen wieder.

1960 war der Aralsee noch der viertgrößte See der Erde, zu Beginn des 21. Jahrhunderts ist sein Wasserstand dramatisch gesunken.

Inwieweit verändert Wasser die Karten des Diercke

Halb Thüringen

Auch Stauseen verändern Landschaften und Atlaskarten radikal. Wo der westafrikanische Volta in alten Atlanten noch ungehindert rinnen konnte, wälzt sich später ein breiter Strom: In den 1960er-Jahren begann sich das Wasser hinter einer Staumauer zu sammeln, bis mit dem Voltastausee der flächengrößte Stausee der Welt entstanden war. Unter seinen knapp 8.500 km² bedeckenden Fluten könnte die Hälfte der Fläche von Thüringen verschwinden. Ähnlich groß leuchten auf den Karten der Bratsker Stausee in Russland oder der Sobradinhostausee in Brasilien.

Vergangene Größe

Zwei der einst zu den größten der Welt zählenden Seen haben kontinuierlich an Fläche verloren: der Tschadsee in Zentralafrika und der Aralsee auf der Grenze zwischen Kasachstan und Usbekistan. In Meyers Lexikon von 1913 lautete der Eintrag zum Aralsee »68.000 km², bis 67 m tief, fischreich«. Die Fläche des weltweit viertgrößten Sees fiel auf den Karten des Diercke Weltatlas entsprechend ins Auge. Seit den 1960er-Jahren kann davon nicht mehr die Rede sein. Die Ausdehnung verringerte sich, ab den 1980er-Jahren dramatisch, und hatte 2008 rund 18.000 km² erreicht. Im Atlas wurde die Fläche immer wieder den aktuellsten Erkenntnissen angepasst. Da der Aralsee in der Schule ein oft benutztes Beispiel für falsche Bewässerungsstrategien und Bodenversalzung ist, würdigt ihn die Neuausgabe des Diercke Weltatlas 2008 mit einem Vergleich zwischen 1960 und 2007.

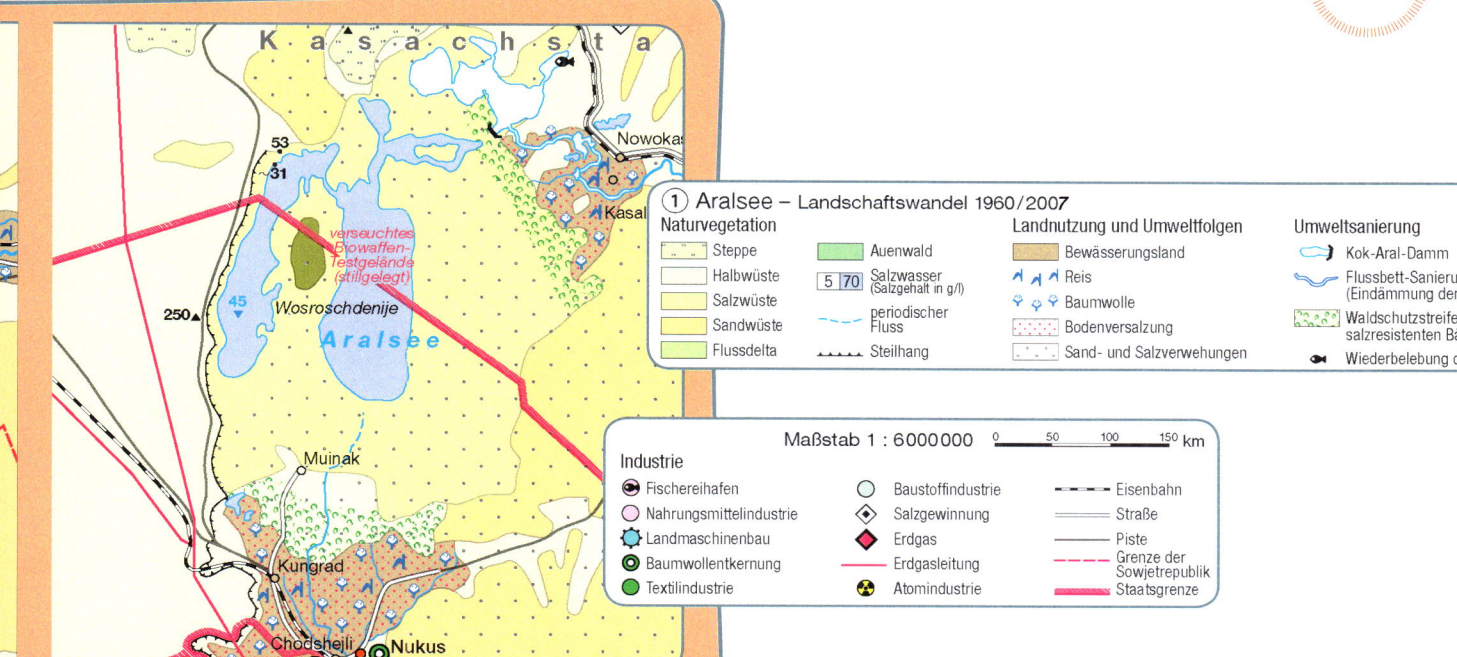

① Aralsee – Landschaftswandel 1960/2007

Naturvegetation
- Steppe
- Halbwüste
- Salzwüste
- Sandwüste
- Flussdelta
- Auenwald
- 5 | 70 Salzwasser (Salzgehalt in g/l)
- periodischer Fluss
- Steilhang

Landnutzung und Umweltfolgen
- Bewässerungsland
- Reis
- Baumwolle
- Bodenversalzung
- Sand- und Salzverwehungen

Umweltsanierung
- Kok-Aral-Damm
- Flussbett-Sanierung (Eindämmung der Versickerung)
- Waldschutzstreifen mit salzresistenten Bäumen (Saxaul)
- Wiederbelebung der Fischerei

Maßstab 1 : 6 000 000

Industrie
- Fischereihafen
- Nahrungsmittelindustrie
- Landmaschinenbau
- Baumwollentkernung
- Textilindustrie
- Baustoffindustrie
- Salzgewinnung
- Erdgas
- Erdgasleitung
- Atomindustrie
- Eisenbahn
- Straße
- Piste
- Grenze der Sowjetrepublik
- Staatsgrenze

Weltatlas?

Anfang des 20. Jahrhunderts lebten an die 1,5 Millionen Menschen in Tokio, heute sind es 8,5 Millionen. Der Ballungsraum von Tokio ist mit 35 Millionen Einwohnern der größte der Welt.

Das Wachstum von Städten

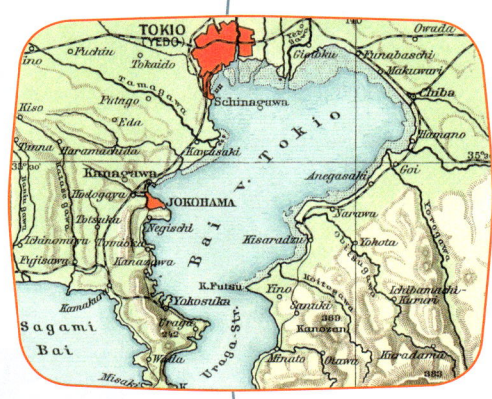

Nicht nur Küstenlinien, auch Städte wandeln sich – und der Diercke Weltatlas hält dauernd Schritt. Augenfällig wird das an den Beispielen Paris und Tokio in den Ausgaben von 1908 und 2008: Vor dem Ersten Weltkrieg reichte der Maßstab 1 : 200.000 – wenn auch knapp –, um Frankreichs Metropole abbilden zu können. Ein Jahrhundert später ist Paris soweit in sein Umland gewuchert, dass es nur mit dem Maßstab 1 : 500.000 gebändigt werden kann.

Wo 1908 südlich des roten Fleckens von Tokio die Städte Jokohama (heute Yokohama) und Kanagawa (heute Kawasaki) in der unbebauten Landschaft kaum auszumachen sind, präsentiert sich 2008 die Westseite der Bucht von Tokio als komplett betonierter Ballungsraum.

Atlasgestaltung: Mitarbeiter

Ohne Unterstützung von außen hätte der Diercke Weltatlas nie das Renommee erlangen können, das er längst über die Schule hinaus genießt. Seit Generationen stehen der Redaktion Hochschulprofessoren und andere Wissenschaftler zur Seite, die durch ihre Detailkenntnisse für die Qualität der Fallbeispiele bürgen. Sie fungieren als Paten und sind als Autoren für die Inhalte »ihrer« Karten verantwortlich. Einige begleiten den Diercke über Jahrzehnte und achten stets auf den aktuellen Stand ihrer »Patenkarten«. Insgesamt waren bei der Neuausgabe von 2008 über 200 externe Fachleute und Institutionen beteiligt.

Exklusiv und aufwändig

Die Auswahl der Beispiele geschieht nicht willkürlich. Sie orientiert sich an den Bildungsplänen der Bundesländer, die immer wieder auf den neuesten Stand gebracht werden. So zeigt eine Karte in der Neuausgabe am Beispiel von Detroit die aktuellen Entwicklungen schrumpfender Innenstädte in den Vereinigten Staaten.

Dass die Straßen mancher lateinamerikanischer Städte gefährlicher geworden sind, findet neuerdings seinen Ausdruck in der Karte von Kolumbiens Hauptstadt Bogotá, in der nun »No-Go-Areas« ausgewiesen sind.

Ankunft neuer Zuwanderer im Migrantendorf Kpawa/Benin

In China unterwegs. Unser Autor Prof. Dr. Wolfgang Hassenpflug

Wer sind die »klugen Köpfe« außerhalb der

Bei der Auswahl der Mitarbeiter sind deren regionale und fachwissenschaftliche Forschungsschwerpunkte ausschlaggebend. Das Spektrum reicht dabei von der regionalen Geographie Deutschlands und der Bevölkerungsgeographie bis nach Zentralafrika und der Klimatologie. Gerade bei einer Karte mit Inhalten jenseits der deutschen Grenzen sind Ortskenntnisse gepaart mit Fachkompetenz unerlässlich, damit der Atlas mit einem fundierten und wissenschaftlich abgesicherten Fallbeispiel aufwarten kann.

Besonders für großmaßstäbliche Karten mit vielen Details sind aufwändige Kartierungen vor Ort nötig. Ein Beispiel hierfür ist die neue Karte von Gizeh zum Thema Tourismus im Umfeld der Pyramiden. Ihre Grundlagen wurden im Rahmen einer Exkursion erarbeitet. Ähnliches gilt für das Fallbeispiel des Hightech-Parks Zhangjiang in Shanghai, dessen Daten exklusiv für den Atlas kartiert wurden.

Recherche auf gefährlichem Terrain: No-Go-Areas in Bogotá.

116 → 117

Für die Kartenredaktion ist das Internet eine zusätzliche Quelle für eine solide Recherche. So sind Daten zum Entwicklungsstand der Staaten bei der Weltbank oder landwirtschaftliche Daten bei der Welternährungsorganisation FAO abrufbar.

Die von der Redaktion recherchierten Daten werden durch Rücksprache mit den Kartenpaten abgesichert, vor ihrer Veröffentlichung werden die Karten schließlich von Lehrern auf ihre Tauglichkeit für die Schule geprüft.

Schwierige Arbeit vor Ort

Eine Rückmeldung aus Karachi von 1971

»Ich habe drei Tage intensivster Nachforschungen unter Einschaltung dreier Ministerien, einer Hochschule und Stadtplanungsbüros benötigt, um das einzige Geschäft in der Stadt ausfindig zu machen, wo es Landkarten und ALTE Stadtpläne – der jüngste 1956 – gibt.«

Eine Rückmeldung vom Juni 2006

»Die Idee der Gizeh-Karte erscheint interessant. Jedoch dürfte die Umsetzung der Kartierung vor Ort nicht ganz unkompliziert werden. Ich war im September / Oktober vergangenen Jahres mit einer Exkursion in Ägypten: Es wimmelt von Polizisten und Geheimdienstleuten, offene Kartierungen sind zur Zeit unmöglich.«

Diercke-Redaktion?

Eine Rückmeldung vom März 2007

»Ich bin leider in den vergangenen Tagen nicht dazu gekommen, weitere Informationen für die Curitiba-Karte im Atlas herauszusuchen. Ich habe mir im tropisch heißen Brasilien eine Erkältung eingefangen (dank der vielen Klimaanlagen), sodass auch meine Reise zu den Universitäten in Südbrasilien nicht sehr angenehm ist.«

Unser Autor Dr. Martin Doevenspeck mit seinem beninischen Kollegen bei der Datenaufnahme

Brandrodung in Zentralbenin – ein neues Kartenthema im aktuellen Diercke

Im Brennpunkt: Konflikte

Ein Schulatlas wie der Diercke zeigt weit mehr als »Stadt, Land, Fluss«. Er thematisiert auch die Belange der Menschen in ihrer ganzen Vielfalt. Dazu gehören Gemeinsamkeiten und Anliegen von globalem Interesse ebenso wie Konkurrenzen und Konflikte.

So sind viele der Sachverhalte politischer Natur oder haben zumindest eine politische Komponente – entsprechend können sie aus mindestens zwei, meistens aber aus mehreren Blickwinkeln betrachtet werden. Zündstoff kommt auf unterschiedliche Weise in die Karten: über Grenzdispute, Alternativnamen und Umbenennungen sowie inner- oder zwischenstaatliche Konflikte.

Auch eine harmlos erscheinende Fallbeispielkarte kann eine politische Dimension bekommen, die sich ihr Autor nicht erträumt hatte. Andere Karten sind bei der Wissenschaft und im Unterricht nicht länger opportun und werden so im Laufe der Jahre »zu heiß«. Wie geht die Atlasredaktion mit solchen heißen Eisen um?

Die umstrittene Felseninsel Dokdo. Dok-do oder Tok-to (koreanisch) Takeshima (japanisch) im Japanischen Meer oder im Ostmeer?

Wie behandelt der Diercke Weltatlas »Zündstoff« und »heiße

Während einer Feier zum Tag der Unabhängigkeitsbewegung, die 1919 mit einem Aufstand gegen Japan begann, bekräftigen Demonstranten am Strand von Dokdo den Gebietsanspruch Südkoreas.

Grenzdispute

Am offensichtlichsten sind unterschiedliche politische Perspektiven bei der Suche nach verbindlichen Grenzverläufen. International anerkannte Staatsgrenzen werden auf den Karten des Diercke Weltatlas durch eine magentafarbene Linie mit »Grenzband« dargestellt. Sind die Grenzen zwischen Nachbarstaaten umstritten, wie 2008 zwischen Pakistan und Indien in Kaschmir oder zwischen Indien und China in Jammu, so zeigen die Karten – wenn ihr Maßstab das zulässt – die Grenzverläufe als gerissene Bandsignaturen.

Bei welchen Grenzen diese Darstellung angebracht ist, entscheidet die Redaktion nach Kartenunterlagen der Vereinten Nationen. Zwar betont die UNO, dass mit ihrer Darstellung keine offizielle Anerkennung der Gebietsansprüche verbunden ist. Dennoch wird in diesen Vorlagen deutlicher als in allen anderen, wo ein Grenzverlauf als umstritten zu gelten hat.

Bei Seegrenzen kommt es besonders häufig zu Konflikten. Die Verhältnisse sind oft so verworren und die Ansprüche so vielfältig, dass der Diercke Weltatlas Seegrenzen seit jeher nicht in genauer Position, sondern lediglich als Zuordnungslinien zeigt. Diese kurzen Grenzsignaturen werden mit weitem Abstand in die Ozeane eingetragen, um zu verdeutlichen, in welchem Territorium die umschlossenen Inseln liegen.

Der Versuch, alle Gebietsansprüche auf See grafisch darzustellen, würde mancherorts zu Liniengewirr führen: Auf die kleinen Spratly-Inseln im Südchinesischen Meer – ein potenzielles Fördergebiet für Erdöl und Erdgas – erheben die Philippinen, China, Vietnam, Taiwan, Malaysia und Brunei vollständige oder teilweise Ansprüche. Die Felseninsel Dokdo (koreanisch auch Dok-do oder Tok-to, japanisch: Takeshima) ist seit langem zwischen Südkorea und Japan umstritten. Wer diese Insel für sich beanspruchen kann, dessen Fischereizone weitet sich im Japanischen Meer deutlich aus – oder heißt es aus südkoreanischer Sicht im »Ostmeer«? Womit wir beim nächsten Punkt wären.

→ → → Wie behandelt der Diercke Weltatlas ...

Alternativnamen und Umbenennungen

Japan und Südkorea sind sehr daran interessiert, ihre jeweilige Sichtweise in die Karten des Westens einfließen zu lassen. Der in diesem Namens- und Einflussdisput betriebene Aufwand ist erheblich. Der Diercke Weltatlas zeigt seit 124 Jahren zwischen Japan und Korea den Schriftzug »Japanisches Meer«. Folgt man der koreanischen Hauptargumentation, ist das dem ausgehenden Kolonialzeitalter geschuldet. Was tun?

In ähnlichen Fällen richtete sich die Redaktion nach der UNCSGN (Konferenz der Vereinten Nationen zur Standardisierung geographischer Namen).

Doch die Expertengruppe der Vereinten Nationen hat im Streit um das Meer auch nach Jahren noch keine Stellung bezogen und ihre Mühlen mahlen sehr langsam. Deshalb erscheint in der Neubearbeitung 2008 des Diercke Weltatlas erstmals in Klammern der Zusatz »Ostmeer« unter dem vertrauten Namen »Japanisches Meer«. Bei staatlichen Umbenennungen von Städten oder Bergen prüft die Redaktion vor einer Übernahme, ob die Maßnahme im Staat selbst auf ausreichende Akzeptanz gestoßen ist.

Konflikte

Konflikte zwischen Staaten oder Bevölkerungsgruppen werden in manchen neuen Karten ausführlich dargestellt. Beispielregionen dafür sind der Nahe Osten, Afghanistan, Kolumbien und Sri Lanka. Diese Konfliktkarten mögen für traditionell eingestellte Atlasnutzer ungewohnt sein, sie werden aber im modernen Politik- und Geographieunterricht eingesetzt. Es liegt in der Natur ihres Gegenstands, dass die Karten öfter als andere auf einen zeitnahen Stand gebracht werden müssen. Dennoch fiel die konzeptionelle Entscheidung leicht: Mithilfe solcher Konfliktkarten lassen sich die stetigen Nachrichten aus den betroffenen Regionen in einen räumlichen Zusammenhang stellen, der den eigenen Horizont zu erweitern vermag.

Blick von der südkoreanischen Insel Ullung über das »Ostmeer«. Zu erfahren ist hier, wo man Dokdo vermuten darf.

Am Puls von Wissenschaft und Unterricht

Ständig überprüft die Kartenredaktion den Atlasaufbau und die Karteninhalte darauf, ob sie für den Einsatz in der Schule geeignet sind. Wird eine thematische Karte sowohl den Inhalten der Bildungspläne als auch der sich fortentwickelnden Fachwissenschaft gerecht? Die Redaktion stützt sich auf das unmittelbare Nutzerecho sowie auf Rückmeldungen des verlagsinternen Schulservice und Außendienstes. Werden ihr dabei Vorbehalte gegen einzelne Karten zugetragen, wird überprüft, ob die Vermittlung des Inhalts noch zeitgemäß ist oder wie er anders aufbereitet werden könnte.

Wird die thematische Karte sowohl den Bildungsplänen als auch der Fachwissenschaft gerecht?

Thematische Karten werden dann aus dem Atlas entfernt, wenn ihre wissenschaftliche Fundierung oder die Akzeptanz im Unterricht verloren gehen.
So entfiel 2002 von der vierten zur fünften Auflage der Neubearbeitung von 1988 die Weltkarte »Ethnien der Menschheit«, weil immer weniger Wissenschaftler und Lehrer solch eine ethnologische Klassifizierung benutzen. Auf den freien Platz rückte mit »Erde – Migration« eine Karte mit einem damals aktuell gewünschten Thema.

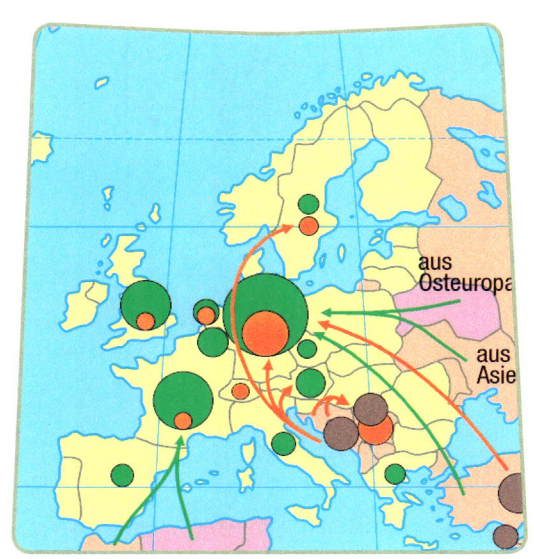

Eine Migrationskarte mit den Inhalten: Arbeitsmigranten, politische Flüchtlinge, Vertriebene (Vergrößerung)

Im Brennpunkt: Medienkonkurrenz

*Geographielehrern ist es seit langem klar:
Das Lesen und Begreifen von Karten ist eine Kulturtechnik, denn Karten zu verstehen, ist im Alltag unabdingbar.
Um eine Sehenswürdigkeit in einer fremden Stadt zu finden, muss man einen Stadtplan lesen können. Täglich präsentiert das Fernsehen Nachrichten, die mit Karten verbildlicht werden. Wo z. B. die Arbeitslosenquote in Deutschland am höchsten ist, verrät eine Karte nur dem Wissenden.
Eine solche Kompetenz zu vermitteln ist die ureigene Aufgabe des Geographieunterrichts. Wie gut ist es deshalb, wenn dort so oft wie möglich mit Karten gearbeitet wird.*

Informationssalat

Wer ein Referat vorbereitet, seinen Urlaub plant oder Hintergründe zu einer Nachricht recherchiert, merkt eines schnell: Vielen Internetkarten fehlt die Qualität der handwerklichen Ausführung. Ärgerlich ist das aber nicht so sehr wegen der mangelnden Ästhetik. Die Gestaltungsmängel von nachlässig produzierten Karten ziehen vielmehr Fehldeutungen und Informationsverluste nach sich.

Beim Surfen nach Karten zeigt sich, dass die scheinbare Informationsfülle doch mehr ein schlecht angemachter Informationssalat ist. Selbst mit viel Suchaufwand lässt sich oft keine befriedigende Antwort auf die raumbezogene Frage finden. Im schlimmsten Fall offenbaren mehrere gefundene Karten zu einem Sachverhalt sogar unlösbare Widersprüche. Oder man erkennt nicht sofort, dass sie veraltet sind. Für den Unterricht erweist es sich als besonders hinderlich, wenn sowohl einfache Webkärtchen als auch anspruchsvollere kartographische Auskunftssysteme vordringlich einen kommerziellen Zweck erfüllen.

Karten und kartographische Infografiken gibt es immer mehr: in Zeitungen, im Fernsehen und vor allem im Internet. Es ist nicht mehr schwer, an irgendeine Karte einer Weltgegend zu kommen. Wohlgemerkt: »irgendeine«, denn es kommt darauf an, eine gute Karte aufzustöbern.

Kann sich der Diercke Weltatlas

Prinzip Zufall

Das Problem unterschiedlicher Sprachen kommt im Internet hinzu: Legenden sind – sofern überhaupt vorhanden und vollständig – nicht leicht zugänglich; Orte in exotischen Landessprachen sind nicht mehr wiederzuerkennen.

Wenn sich geographische Namen vor Ort anders schreiben, als sie bei uns üblich sind, behindert das auch die Recherche bei den internetgestützten Satellitenbildgloben und Rauminformationssystemen. Wer sich z. B. auf die Spur der Schwarzmeer-Stadt Odessa begibt, kann der erwünschten Information vielleicht lange nachjagen, bis er erst zufällig bei Odesa oder Одеса fündig wird.

Durchdacht und nachhaltig

Auf der Suche nach einem realitätsnahen Eindruck von fernen Flecken auf der Erde profitiert jeder Neugierige und Fernwehkranke von den Satellitenbildsammlungen der virtuellen Globen.

Einen Überblick über die Gestalt der Kontinente und Länder können diese Bildergloben aber nie so strukturiert vermitteln wie eine sorgfältig erstellte Atlaskarte. Ihnen fehlt die durchdachte Auswahl, die bei der Konzeption eines Schulatlas schon immer eine entscheidende Rolle gespielt hat. Bei der Arbeit mit dem Diercke Weltatlas lassen sich also gut zusätzliche Informationen und Satellitenbilder aus dem Internet heranziehen. Das geistige Bild von der Erde, die mental map, wird aber am nachhaltigsten durch den gedruckten, jederzeit verfügbaren Atlas geformt.

Fünfmal Europa,
fünfmal suchen im Internet,
fünfmal Verwirrung.
Nehmen wir es mit Humor:
Endlich hat Paris einen schiefen Turm,
Italien zwei Stiefel und die Karibik
liegt vor der Haustür.

in der Internet-Kartenflut behaupten?

Atlasgestaltung: Produktfamilie

Der Anspruch des Diercke Weltatlas besteht darin, universell einsetzbar zu sein, in allen Bundesländern, von der 5. Klasse an bis hin zur Universität – und darüber hinaus. Er ist eben ein Atlas fürs Leben.

Diercke in Blau: Heimat im Fallbeispiel

Um diesem universellen Anspruch gerecht werden zu können, kann der Atlas eines nicht haben: einen Heimatteil für jedes Bundesland. Stattdessen hat er einen ausführlichen Deutschlandteil, der alle Regionen abdeckt.
Die Fallbeispiele sind so gewählt, dass bei einer optimalen Behandlung der Themen jedes Bundesland berücksichtigt ist. Das gewährleistet einen persönlichen räumlichen Bezug für jeden Schüler, egal wo in Deutschland er zur Schule geht. Außerdem werden alle Bundesländer auf großmaßstäblichen physischen Karten gezeigt, die sich auf drei Doppelseiten erstrecken. Sie gewährleisten zusätzlich, dass der eigene Heimatraum angesprochen werden kann. Das langjährige Nutzerecho beweist, dass dieses universelle Konzept an den Gymnasien aller Bundesländer überzeugt.

Wieso hat der

Ausgabe 2, der für die meisten Bundesländer mit einem solchen Teil angeboten wird. Der Atlas führt nicht bis zum Abitur, sondern deckt speziell die Sekundarstufe I bis zur 10. Klasse ab. Die komplexeren thematischen Karten, die vor allem für die gymnasiale Oberstufe geeignet sind, fehlen. Der grüne Diercke ist dadurch dünner und verträgt deshalb 20 zusätzliche Seiten zur Heimat. Dort finden z. B. die Nordrhein-Westfalen eine Karte zur Möhnetalsperre und die Bayern eine zum Strukturwandel in Großwallstadt. Letztendlich kann der grüne Diercke nicht das Gleiche leisten wie der blaue, da er bei insgesamt weniger Seiten nicht so inhaltsschwer ist.

Diercke in Grün: Spezielle Heimatteile

Vor allem an Real- und Gesamtschulen wird dennoch gerne ein Heimatteil gesehen. Dafür gibt es neben dem klassischen Diercke Weltatlas den grünen Diercke Weltatlas

Diercke in Rot:
Der Atlas für viele Fächer

Zur Diercke Familie gehört seit 2001 auch der rote Diercke Drei, der als Universalatlas für den gesellschafts- und naturwissenschaftlich orientierten Unterricht konzipiert wurde. Die Kartenauswahl ist so getroffen, dass der Atlas nicht nur in Geographie, sondern auch in Fächern wie Geschichte, Sozialkunde oder Biologie verwendet werden kann.
Viele Illustrationen wirken belebend, die leichten und aufgeräumten Karten sind vor allem an Gesamt- und Realschulen sehr beliebt. Von den anderen Diercke Weltatlanten hebt sich der Diercke Drei zusätzlich durch den Einstieg über den Weltteil ab.

Auch die Kleinsten werden schon mit einem Diercke Grundschulatlas bedacht, der in seinen Ausgaben für die verschiedenen Bundesländer verspielt mit vielen kindgerechten Karten und Zeichnungen einen Einstieg in die Kartenarbeit gibt.

Diercke Weltatlas keinen Heimatteil?

Er regt somit nicht nur durch die ungewöhnliche Kartenauswahl zum Perspektivwechsel an. Aufgrund der Karten, die für andere Fächer relevant sind, wird die Erdkunde lediglich mit einem gestrafften Kartenangebot bedacht. Einzig der blaue Diercke Weltatlas mit seiner Fülle an physischen und thematischen Karten auf nunmehr 299 Seiten kann also dem Erdkundeunterricht bis zum Abitur voll gerecht werden. Er ist der Klassiker, das Oberhaupt der Diercke-Familie.

»Nimm einen Diercke auf eine öde Insel mit! Du bekommst 500 Karten und damit unendliche Möglichkeiten, dein Weltbild zu erweitern.«
Gefle Dagblad, Schweden 1980

Meilenstein: Diercke 2008

Die Alternative zum Diercke ist – ein neuer Diercke. Er ist seit 125 Jahren der maßgebliche Atlas an weiterführenden Schulen und damit Generationen von Schülern, Lehrern und Eltern bestens vertraut. Deshalb wurde auch 2008 bei der ersten kompletten Neubearbeitung seit 1988 darauf geachtet, die kartographischen und methodischen Errungenschaften des Atlas zu verfeinern, mit aktuellen Themen der Geographie zu verbinden und optimal auf die veränderten Anforderungen im Unterricht abzustimmen, die sich in den kompetenzorientierten Lehrplannovellen der Bundesländer widerspiegeln.

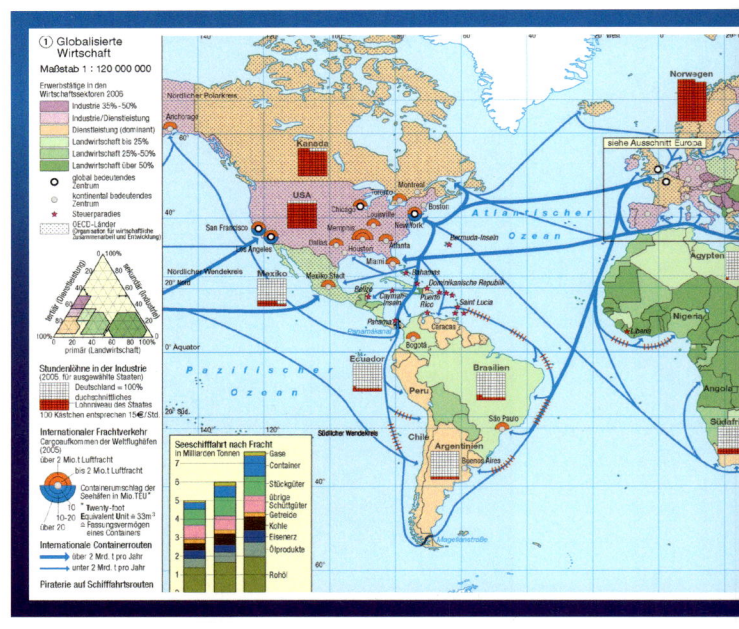

Aktualität auf bewährtem Fundament: der doppelte Blick auf die Erde

Zu den Charaktereigenschaften des Diercke zählt die gleichrangige Verwendung von physischen Karten und Wirtschaftskarten. Auf diese Weise trägt der Diercke anschaulich zur Aneignung eines geographischen Bildes von der Erde bei.

Der Diercke 2008 bildet die Verkehrs- und Siedlungsnetze ebenso aktuell ab wie die Bodenbedeckung, die Landnutzung und die wirtschaftlichen Erwerbsgrundlagen im Zeitalter einer auf unterschiedlichen Ebenen vielfältig vernetzten Welt.

Abgestufte Hafen- und Flughafenzeichen auf physischen Karten und ein differenzierter Signaturenkanon für Dienstleistungen in den Wirtschaftskarten zeigen die Neuorientierung besonders augenfällig. In Kombination mit den neu entwickelten Wirtschaftskarten der Kontinente gelingt es jetzt, die Funktion von Orten in räumlichen Kontexten kartographisch noch deutlicher zu machen.

Ein Ausschnitt aus der Wirtschaftskarte von Asien. Der Dienstleistungssektor erhält erstmals kartographisch den gleichen Stellenwert wie die Industrie.

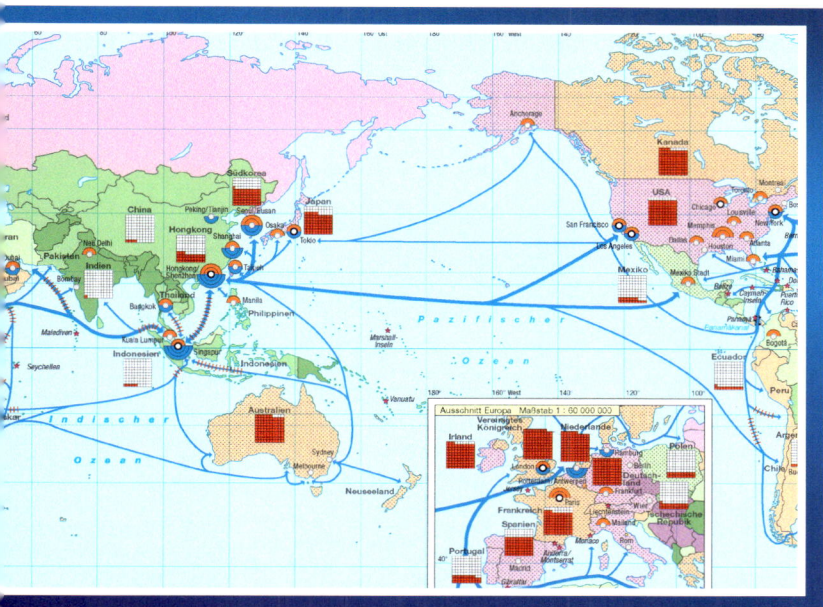

Die Karte zur Globalisierung – ein Beispiel für neue, zeitgemäße Themenschwerpunkte im Diercke 2008

Klare Navigation ohne Brüche

Von den mehr als 460 Karten, durch die erstmalig mittels Griffleiste und farbig gekennzeichneten Seitenzahlen navigiert werden kann, wurden ca. 40 Prozent komplett neu entwickelt. Neue Zugänge zur Orientierung im Atlas ergänzen die bewährten Erschließungshilfen. Dazu gehören u.a. Länder-Spiegel und Rekorde der Erde.

Was gibt's Neues beim Diercke Weltatlas?

Der Vergleich als ein Schlüssel zur Entdeckung der Welt

Als besonderer didaktisch-methodischer Schwerpunkt ist außer dem horizontalen, also thematischen, der vertikale, also historische, Kartenvergleich hervorzuheben: Neben den parallel im Maßstab laufenden physischen Karten und Wirtschaftskarten lassen sich viele thematische Karten aufgrund gleicher Maßstäbe ebenso direkt miteinander vergleichen wie Karten von unterschiedlichen Zeitschnitten für ein und dieselbe Region.
Das Angebot von Kartenpaaren für den unmittelbaren Vergleich wurde deutlich ausgeweitet. Damit ist der Diercke noch besser geeignet, die Dynamik von Räumen zu entdecken und das Nomothetische aus dem Idiographischen herauszuarbeiten.

Die Gliederung nach Deutschland, Kontinenten und Erde wird stringent umgesetzt. Vom Überblick über den jeweiligen Kontinent arbeitet sich der Atlas zu den einzelnen Regionen vor, die nach Lagemerkmalen abgegrenzt sind. Das gilt jetzt auch für Mittel- und Osteuropa.
Die physische Karte stellt auch weiter die Leitkarte dar. Fallbeispiele stehen nicht isoliert da, sondern folgen jenen Karten, die als Leitkarten den Überblick geben.
Das klare Layout begrenzt die Zahl der Karten pro Seite und führt unter Verzicht auf eine »Briefmarkenkartographie« zu übersichtlichen Verhältnissen. Da nun einzig die Legenden in Weiß stehen, wird die Karten-Legenden-Zuordnung durch das Layout noch besser gesteuert: Intuitives Vorgehen – das Auge fühlt sich vom Weiß der Legende angezogen – wird mit fachlichen Arbeitsweisen intelligent verknüpft.

→ → → **Was gibt's Neues beim Diercke Weltatlas?**

Hohe Anschaulichkeit stützt Lernprogression

Spezielle Einstiegskarten erleichtern den Zugang zu einzelnen Regionen und/oder Themen, ohne dabei plakativ zu wirken. Im Deutschlandteil gibt es z. B. eine neue politische Karte, die es ermöglicht, die Schülerinnen und Schüler im eigenen Heimatkreis abzuholen. Die zusätzliche vereinfachte physische Übersicht oder die Klimakarten zu Deutschland können hier ebenfalls angeführt werden. Im Sinne der Lernprogression wirkt auch das Baukastensystem der neuen Klimaklassifikation, das sich systematisch über die Klassenstufen hinweg erarbeiten lässt und gleichzeitig den Klimawandel zeigt.

Selbst bei hoher Komplexität wirken die Karten klar und sind schnell les- und erfassbar. Das ist den gut strukturierten Legenden, der assoziativ wirkenden Farbgebung, der angemessenen Generalisierung und zahlreichen Erschließungshilfen wie Nebenkarten, Diagrammen und Grafiken zu verdanken.

Umfassende Reaktion auf aktuelle Entwicklungen

Für den modernen Geographieunterricht ist die Globalisierung mit all ihren Aspekten ein besonders wichtiger thematischer Schwerpunkt. Der Blick auf die Erde als Ganzes hat auch im Diercke an Gewicht gewonnen.

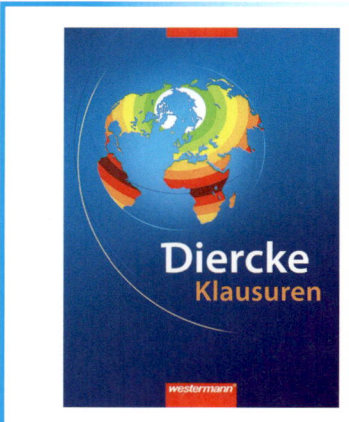 

Das Medienprogramm rund um den Diercke ist vielseitig wie nie zuvor.

Neue Themenschwerpunkte sind die unter dem Oberbegriff des »Globalen Wandels« viel diskutierten Schlüsselfragen der Menschheit wie Ressourcenverbrauch, Migration, Klimawandel und Kulturerdteile zwischen Ausgleich und Konflikt. Dabei werden nicht nur Probleme und Konflikte, sondern auch Lösungsperspektiven und mögliche Szenarien kartographisch aufgearbeitet. Über die Geographie hinaus spricht der Diercke in diesem Kontext raumbezogene Themen anderer Disziplinen an und ist deshalb auch fachübergreifend einsetzbar. Das gilt für wirtschaftliche, historische, politische und umweltbezogene Themen gleichermaßen. Dem Thema Nachhaltigkeit widmet sich der neue Diercke nicht nur in Karten, sondern auch als Druckprodukt durch die Verwendung speziell zertifizierter Papiere und Produktionsketten. Format und Spezialpapiere gewährleisten zudem, dass der Diercke andere Atlanten hinter sich lässt: Sein Gewicht ist deutlich leichter.

Interaktivität durch Online-Anschluss für alle

Alle Internet-basierten Ergänzungen erweitern die im Diercke vermittelten Perspektiven auf unsere Welt und bieten zudem die Möglichkeit zum handlungsorientierten und medienbezogenen Kompetenzerwerb, der sich auch in einem kritischen Bewusstsein für Gestaltung und Aussage von Karten äußert.

Konsequent und klar überschaubar wird jede Karte des Diercke über die eigene Internetverknüpfung ergänzt. Der Nutzer erhält weiterführende textliche und grafische Informationen zum Inhalt der Karte, kann die eigenen Fähigkeiten und Fertigkeiten der Karteninterpretation interaktiv testen, statistische Karten im WebGIS nach Aktualisierung und Klassifizierung untersuchen oder den Abgleich mit dem Satellitenbild in Google Earth vornehmen. Eine neue Stufe der kartographischen Veranschaulichung wird mit der Darstellung der Diercke-Karten im 3D-Raum erreicht. Hier leistet das Konzept echte Pionierarbeit, da sich über diese Darstellungsform räumliche Strukturen und Prozesse in einer völlig neuen Dimension erschließen lassen. Erstmalig verschmelzen Atlas und Globus.

Der neue Diercke Globus Online präsentiert die Welt in unterschiedlichen Kartentypen. Diercke Karten erschließen mit der 3D-Darstellung zusätzliche Erkenntnismöglichkeiten.

Im Brennpunkt: Wissensdefizite

Ein Blick in den Diercke Weltatlas hätte geholfen

»Mailand oder Madrid, Hauptsache Italien.«
Andreas Möller (* 1967), deutscher Fußballspieler, über seine Motivation ins Ausland zu wechseln

»Ich habe einen Film über China gesehen – vielleicht eine Viertelstunde lang. Da kriegst du eigentlich alles mit, was so ein Land zu bieten hat.«
Michael Schumacher (* 1969), siebenfacher deutscher Formel-1-Weltmeister

»In Europa scheinen wir alles darüber zu wissen, wie die Menschen in Afrika sterben, aber wir wissen nicht, wie sie leben.«
Henning Mankell (* 1948), schwedischer Schriftsteller mit Zweitwohnsitz in Mosambik

»Kuwait: Ein leeres Netz aus Autobahnen und endlosen Parkplätzen, in dem sich verstreute Wohnwürfel und Büroquader fangen. Eine Orient-Metropole ohne Orient, umgeben von einem Land ohne Landschaft.«
Jörg-Uwe Albig (* 1960), weitgereister deutscher Journalist und Autor

»Mich erstaunen Leute, die das Universum begreifen wollen, wo es schwierig genug ist, in Chinatown zurechtzukommen.«
Woody Allen (* 1935), Filmregisseur aus den USA, der ungern seine Heimat verlässt

Was kann uns ein Weltatlas

Geographie zur Unterhaltung

Ein Ostfriese kommt in die Buchhandlung und sagt: »Ich hätte gern einen Globus von Ostfriesland.« So kümmerlich dieser Witz auch ist, so sehr trifft er den Punkt. Seit Jahrzehnten beklagen Lehrer und Didaktiker der Geographie das schwindende Raumwissen – nicht nur in Ostfriesland. Kann dieser Entwicklung mithilfe eines Weltatlas wie dem Diercke entgegengesteuert werden?

In Lissabon kann jeder Passant Geographie auf der Straße lernen und sich auf einer Weltkarte mit den Entdeckungsfahrten der Portugiesen vertraut machen (links).
Anlässlich der Erweiterung der Europäischen Union zum 1. Mai 2004 beschäftigen sich Kinder spielerisch mit ihrem Kontinent (unten).

heute noch lehren?

Zu den Legenden aus Schulzeiten zählt ein Klischee, von dem nur wenige sagen können, dass sie es tatsächlich selbst erlebt haben: Man steht vor der Klasse an einer Wandkarte und kann den Rhein, das Nordkap oder Sri Lanka nicht finden. Als ob es im Erdkundeunterricht nicht mehr gegeben hätte, als sich mit mangelhaften Topografiekenntnissen blamiert zu haben.

In der Freizeit scheint das Wissen oder Nichtwissen über Topografie dagegen Spaß zu machen. »Stadt, Land, Fluss« hat wohl jeder schon gespielt, und wer beim Buchstaben »E« in der Rubrik »Land« immer wieder »England« platziert, kann bei seinen Mitspielern zumindest mit Trostpunkten rechnen. Perfektioniert werden solche Wissenswettstreite in Quizsendungen, mit denen die Fernsehsender ihre Zuschauer überschwemmen. Die Kategorie »Geographie« findet sich bei jeder von ihnen. Doch braucht man wirklich einen Atlas, um die Frage beantworten zu können, ob die Stadt zwischen Braunschweig und Hildesheim nun Mehlsieb, Nudelholz, Zuckerstangen oder Salzgitter heißt? Hier wird das Fach auf clowneske Elemente reduziert, ein ernsthafter Hintergrund der Erd»kunde« wird dem Publikum so nicht vermittelt.

→ → → Was kann uns ein Weltatlas heute noch lehren?

Bildung auch nach der Schule

Dabei findet keine Disziplin so häufig in der Öffentlichkeit statt wie die Geographie: Als in den 1980er-Jahren die ersten Nachrichten vom Ozonloch über der Antarktis auftauchten, gerieten das Thema Klima und seine Auswirkungen auf die Umwelt aus dem Abseits des Spezialwissens in das Bewusstsein der Allgemeinheit. Ähnlich verhielt es sich fast zeitgleich beim Klimaphänomen El Niño. Entsprechend wandelte sich der Bildungskanon, die Nachfrage nach passenden Karten stieg.

Fast drei Jahrzehnte später gehören Berichte über katastrophale Wirbelstürme oder den globalen Klimawandel zu den täglichen Nachrichten. Wie ihre Vorgänger bietet auch die Neuausgabe 2008 des Diercke Weltatlas Karten zu vielen klimatischen Themen und ist somit in der Schule und nach Schulschluss ein gefragtes Nachschlagewerk.

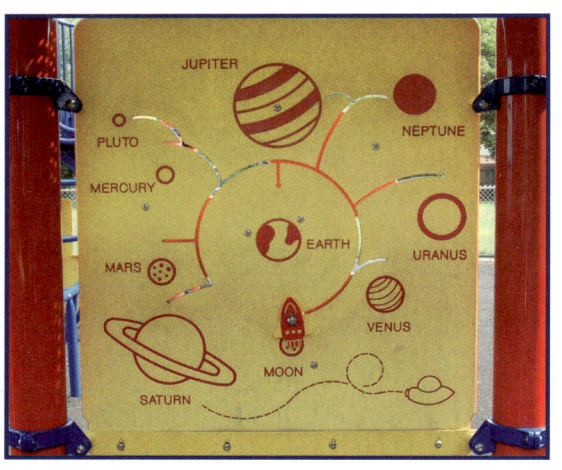

*Gut gemeint, doch falsch:
Auf einem Spielplatz in den USA können bereits die Kleinsten ihr Sonnensystem mit einem Raumschiff erkunden.
Nur: Wo steht die Sonne? Warum steht die Erde im Zentrum? Wieso ist der Mond gleichberechtigt mit den Planeten?*

Phänomene der Kulturgeographie wurden und werden ebenfalls in großer Anzahl im Atlas behandelt: Blättert man durch Ausgaben aus verschiedenen Jahrzehnten, kann man z. B. das »Zechensterben« im Ruhrgebiet wie im Zeitraffer verfolgen. Auch der größte Ignorant wird danach die gewandelte Region nicht mehr auf die Schwerindustrie reduzieren können.

Im 21. Jahrhundert sind viele Aspekte der Geographie weltumspannend geworden. So werden Desertifikation oder Migration mit entsprechenden Karten gewürdigt. Der Diercke wird also einen modernen Geographieunterricht immer bereichern.

Verknüpfung von Wissen

Eine Bereicherung des Wissens über die Erde tut auch not: Bei einer repräsentativen Umfrage im Sommer 2007 stellte sich heraus, dass jeder vierte Deutsche die Hauptstadt der USA nicht kennt. Wie viel Prozent der US-Amerikaner die deutsche Hauptstadt nicht kennen, möchte man bei diesem Ergebnis lieber nicht mehr wissen. Bei einer anderen Umfrage konnten lediglich 28 % der Deutschen die beiden Länder mit mehr als einer Milliarde Einwohner benennen. Nun ist nicht nur derjenige lebenstauglich, der die Antworten kennt. Doch mit dem richtigen Wissen können Nachrichten aus Washington, Berlin, China und Indien besser oder überhaupt erst verarbeitet werden.

Geographieunterricht und Atlas

Die einzige Möglichkeit, von klein auf ein solches Verständnis kontinuierlich zu entwickeln, bietet der Geographieunterricht. Das am Atlas orientierte Arbeiten visualisiert auch solche Vorgänge, die ohne Kartenunterstützung nur schwer verstanden werden können. Im günstigsten Fall ist der Unterricht seriös und vermittelt den Schülern gleichzeitig so viel Spaß, um sich auch dann noch auf die Erdkunde einzulassen, wenn sie längst keine Schüler mehr sind.
Eine solche Generation von »Hobbygeographen« würde dazu beitragen, den Ruf des Faches und dadurch nicht zuletzt des Schulatlas zu stärken.

Dann würde es vielleicht nicht mehr solche Beurteilungen wie in der Süddeutschen Zeitung geben, die am 27. April 2000 nach einem Fußballländerspiel gegen die Schweiz zu folgendem Schluss kam: »Die Nationalmannschaft ist das, was im Gymnasium der Erdkundeunterricht ist: nicht ganz ernst zu nehmen.«

Im öffentlichen Raum sind Darstellungen des Sonnensystems und der Erde oft nur schmückendes Beiwerk. Anlässlich der Fußball-Weltmeisterschaft 2006 in Deutschland tourte der FIFA-Globus durch die zwölf Austragungsstädte. Während Deutschlands erster Weltausstellung, der Expo 2000 in Hannover, konnte eine kunstvolle Afrikakarte bewundert werden. Die Weltzeituhr in Berlin klärt die Menschen seit 1969 über die Bahnen der Planeten auf.

Zeitfenster: Zukunft

Wissen und Papier

Im Jahre 2108 wird auch der Konservativste über das schmunzeln, was in diesem Buch als modern bezeichnet wird: Volumenpapier, Computerkartographie, frequenzmodulierte Raster. Im 22. Jahrhundert wird Papier in Schulen keine Rolle mehr spielen. Lediglich verschrobene Liebhaber alter Druckwerke werden dann noch etwas mit dem Begriff »umblättern« anzufangen wissen.

Umbrüche im Verlag

In den 2050er-Jahren hatten Bücher und Atlanten endgültig in den Schulen e-books Platz machen müssen. Auf diese Lesegeräte konnten alle erdenklichen Inhalte gespielt werden. Der Diercke wurde auf einem briefmarkenstarken Chip ausgeliefert und die Schüler freuten sich über leichtere Schultaschen.

Wie immer in seiner langen Geschichte, reagierte der Westermann Verlag schnell auf die Veränderungen. Den Kartenredakteuren gefiel ihr neuer Kollege, das erste Modell eines Map-Creators mit ausgefeilter Feinmotorik, Chipgenerator und integrierter Kaffeemaschine, die Druckerei wurde in ein Technikmuseum umgewidmet.

Einen neuen Umbruch gab es in den 2070er-Jahren. Zwei Jahrzehnte lang hatte man sich auf erdgebundene virtuelle Konferenzen mit Kartenberatern und den weltweiten Redaktionsbüros beschränkt. Die Datenbeschaffung von den neu besiedelten Planeten war schwierig und dauerte. Doch nun stand ein störungsfreies Universe Wide Web zur Verfügung. Die astrographische Version des Diercke konnte zeitnah bearbeitet und vertrieben werden.

Schule der Zukunft

Auch die Entwicklung in den Schulen war nicht stehen geblieben: Von den Lehrplänen auf Länderbasis war man in Deutschland in den 2050er-Jahren abgekommen.
Ab 2062 wurde der von den Vereinten Nationen vorgestellte global gültige Lehrplan umgesetzt. Parallel hatte sich die Traditionsmarke Diercke gewandelt: Aus dem Chip für das e-book war ein webgestütztes Map-Compendium geworden.

Später gehörte Diercke zu den Vorreitern bei den Holo-Stations, die Schüler und Lehrer in dreidimensionale Räume statt auf flache Karten blicken ließen.
Der Geographieunterricht war mittlerweile in dem Fach Global Competence, einem Teilbereich der Universal Competence, aufgegangen. Erdkundeinhalte allein hatten schlicht keinen Sinn mehr gemacht, weil Grundwissen über die Erde zu den Basiskompetenzen von Grundschülern geworden war – nicht zuletzt dank der Kontinuität des Diercke. Genauso wird es sein, aber vielleicht wird auch alles ganz anders kommen.

Wie sieht der Diercke Weltatlas in 100 Jahren aus?

... und im Jahr 2033 wird der Diercke Weltatlas dann 150!

Meilensteine

Kleine Chronik des Diercke Weltatlas...

1883 Schul-Atlas über alle Teile der Erde. Zum geographischen Unterricht in höheren Lehranstalten: fast quadratisches Format (34x36 cm) mit 46 Kartenseiten und 54 Haupt- und 138 Nebenkarten.

1895 Erste Neubearbeitung in der 31. Auflage: Diercke, Schul-Atlas für höhere Lehranstalten mit 148 Kartenseiten, 152 Haupt- und 149 Nebenkarten, Umstellung auf ein Hochformat (22x36 cm). Beginn der nächsten Bearbeitung.

1911 Diercke Schulatlas für höhere Lehranstalten 48. Auflage: Abschluss der Bearbeitung mit 156 Kartenseiten und über 350 Karten.

1932 Vollendung der Neubearbeitung von 1926 mit der 72. Auflage, 164 Kartenseiten.

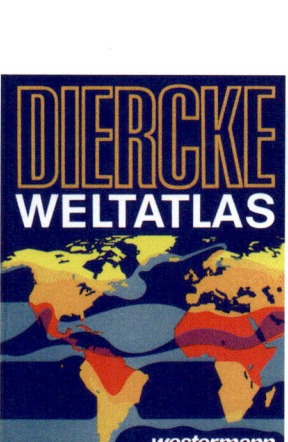

1974 Neubearbeitung als 185. Auflage: in blauem Einband mit 200 Kartenseiten, rund 500 Karten und kartenverwandte Darstellungen, Umstellung auf das DIN A 4-Format.

1978 Überarbeitung mit vielen Detailverbesserungen u.a. im Bereich Agrarnutzung.

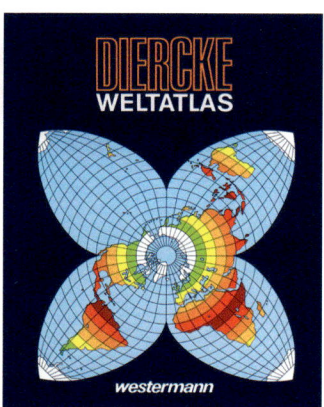

1988 Neubearbeitung mit 235 Kartenseiten und über 400 Karten und kartenverwandten Darstellungen, Formatumstellung (23,5x 29,7 cm).

1991 Aktualisierung: Schwerpunkt Deutschland.

1992 Aktualisierung: Schwerpunkt Europa.

Beinahe jede Auflage des Diercke wurde inhaltlich nachgeführt oder kartographisch verbessert.
Genannt werden deshalb nur die Ausgaben mit den umfangreichsten Veränderungen und Aktualisierungen.

1949 Notausgabe: Kartenblätter für die allgemeine Erdkunde und die aussereuropäischen Erdteile, 76 Kartenseiten.

1950 Überarbeitung als Diercke Weltatlas in grünem Einband mit 142 Kartenseiten.

1957 Neubearbeitung als 89. Auflage: mit braunem Leineneinband, 168 Kartenseiten, an die 450 Karten, Register mit 36 000 Eintragungen, Formatumstellung (24x34 cm).

1996 Aktualisierung mit 239 Kartenseiten: Schwerpunkte GUS-Staaten und Afrika.

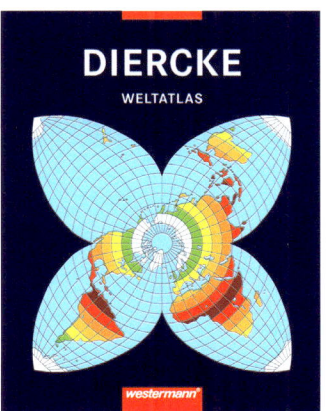

2002 Überarbeitung und weltweite Aktualisierung.
2004 Aktualisierung: Schwerpunkt EU-Erweiterung.

2008 Neubearbeitung mit 252 Kartenseiten, rund 460 Karten und kartenverwandten Darstellungen.

Daten und Fakten

+++ **15. September 1842** Geboren in Kyritz als Sohn eines Gastwirtes. Nach Besuch des Gymnasiums Ausbildung am Stadtschullehrerseminar in Berlin. Examensnote: Sehr Gut. +++ **1863 bis 65** Erste Berufspraxis an einer höheren Knabenschule in Berlin. +++ **September 1865** Zweite Lehrerprüfung am Seminar für Stadtschulen in Berlin. Es folgen verschiedene Zusatzprüfungen. Diercke unterrichtete in Latein, Französisch, Deutsch, Pädagogik, Chemie, Rechnen, Geometrie, Naturgeschichte und Geographie. +++ **1865 bis 69** Privatlehrer in Riga und an einer Elementar-Knabenschule in Berlin, Mitglied des Rigaer Naturforschervereins. +++ **1. April 1870** Ernennung zum ordentlichen Lehrer am Stadtschullehrerseminar in Berlin; Mitglied verschiedener Prüfungskommissionen, auch für angehende Mittelschullehrer und Rektoren. +++ **14. Oktober 1871** Heirat mit Hermine Ottilie Lucas aus Berlin. Das Ehepaar wird acht Kinder bekommen. +++ **1872** Konsistorial-Hilfsarbeiter am preußischen Kultusministerium, Mitarbeit an dem Erlass der »Allgemeinen Bestimmungen« bei der Behandlung der Naturwissenschaften und der Geographie in der Volksschule. +++ **1. August 1873** Versetzung nach Stade als ordentlicher Seminarlehrer. +++ **1. Juni 1874** Ernennung zum Direktor des Königlichen Lehrerseminars in Stade. +++ **1876** Mitarbeit an dem »Kleinen Atlas für ein- bis dreiklassige Volksschulen« aus dem Westermann Verlag. +++ **1877** Abhandlung »Über geographische Schulatlanten und Wandkarten«. +++ **1. Juni 1879** Vereinbarung mit dem Verlag Westermann über den neuen Schulatlas für höhere Lehranstalten. +++ **1880** »Heimatskunde der Herzogtümer Bremen und Verden und des Landes Hadeln« von C. Diercke und K. Schröder. +++ **1882** Auf Initiative Dierckes Gründung der Naturwissenschaftlich-Geographischen Vereinigung Stade. +++ **November 1883** Der erste »Diercke« erscheint. +++ **1884** Gutachten für das preußische Kultusministerium über den Nullmeridian von Greenwich. +++ **1. Juli 1885** Direktor des Lehrerseminars in Osnabrück und Ernennung zum Regierungs- und Schulrat. +++ **1891** Roter Adlerorden IV. Klasse. +++ **1893** Übernahme der Bearbeitung und Herausgabe aller Westermann-Atlanten. +++ **1895** Die erste Neubearbeitung des »Diercke« erscheint. +++ **1898** Orden der Ritter des Königlichen Hausordens der Hohenzollern. +++ **1899** Regierungs- und Schulrat in Schleswig. Der zweitälteste Sohn, Paul Diercke, tritt in den Verlag ein und wird später der wissenschaftliche Leiter der Kartographie. +++ **1901** Referat zur Stellung des Geographieunterrichts an den Lehrerseminaren auf der Schulratsversammlung in Berlin, das den Lehrplan von 1901 beeinflusste. +++ **1903** Erste Diercke-Wandkarten »Brandenburg« und »Palästina«. +++ **1904** Ernennung zum Geheimen Regierungsrat. +++ **1908** Diercke tritt in den Ruhestand und zieht nach Berlin. Königlicher Kronorden III. Klasse. +++ **7. März 1913** Carl Diercke stirbt in Berlin und wird in Schleswig beigesetzt.

Lebensstationen Carl Dierckes

Literatur (Auswahl)

Brogiato, Heinz Peter: »An den Knochen wird von vielen genagt.« Zur Entwicklung der geographischen Schulatlanten im 19. Jahrhundert. Internationale Schulbuchforschung (1997), Heft 1, S. 35-66. Brogiato, Heinz Peter: Wissen ist Macht – Geographisches Wissen ist Weltmacht. Die schulgeographischen Zeitschriften im deutschsprachigen Raum (1880-1945). Trier 1998. Espenhorst, Jürgen: Diercke – ein Atlas für Generationen. Hintergründe, Geschichte und bibliographische Daten bis 1955. Schwerte 1999. Herb, Guntram: National Selfdetermination, Maps and Propaganda in Germany 1918-1945. Diss. Wisconsin-Madison 1993. Kleinschmidt, Verena: Am Anfang war der »Liechtenstern/Lange«. Aus der Frühzeit der Westermann-Kartographie. Geographische Rundschau (2004), Heft 5, Beihefter. Köhler, Franz: Gothaer Wege in Geographie und Kartographie. Gotha 1987. Mayer, Ferdinand: Schulatlanten im Wandel von Atlaskonzeption, kartographischer Gestaltung und Herstellungstechnologie. Mitteilungen der Österreichischen Kartographischen Gesellschaft (1985) Heft 127, S. 139-157. Schröder, Carl August: Lebensansichten eines Verlegers. Eine Biographie. Köln 2005. Schultz, Hans-Dietrich: Die Geographie als Bildungsfach im Kaiserreich. Osnabrück 1989. Sperling, Walter: Die deutsche Ostgrenze sowie die polnische West- und Nordgrenze in deutschen Schulatlanten seit 1946. Frankfurt/M. 1991. Ungedruckte Quellen und Zitate: Westermann Unternehmensarchiv, Niedersächsisches Hauptstaatsarchiv Hannover, Niedersächsisches Staatsarchiv Wolfenbüttel, Geheimes Staatsarchiv Preußischer Kulturbesitz Berlin.

Bildnachweis

Aerocamera, Rotterdam: 97 u.; akg-images, Berlin: 25 r.; Associated Press, Frankfurt/M. (Ullung County Office, HO): 119 l.; Bundesbildstelle, Berlin: 73 o.; Busch, Wilhelm (Plisch und Plum): 101 u.; Catprint Media GmbH, Langenhagen (Uli Stein): 140; Doevenspeck, Dr. Martin: 116 r., 117 M., u.; Druwe & Polastri Fotostudio, Cremlingen: 40/41 u.; elbe-drei Werbeagentur, Hamburg: 32/33 o., 48/49 o., 49 u., 124/25 o.; Elsner, Anette, Bremen: 78/79 o.; Falk, Dietmar, Berlin: 98 l., 106 Klappe, 108/09 o., 130, 131, 132 r., 133 o., u.; Gehring, Wiebke, Braunschweig: 50, 51, 52, 53; Hassenpflug, Prof. Dr. Wolfgang: 116 l.; Hoffmann, Heinrich: Der Struwwelpeter 100 u.; © Hundertwasser Archiv, Wien: 20/21 o.; Keystone Pressebild, Hamburg: 76/77 o.; Köhler, H.E.: 72 r.; Korean Overseas Information Service: 118/119 o.; Helga Lade Fotoagenturen, Frankfurt/M.: 98/99 o.; Liebrecht, Siegfried, Agentur und Verlag, Hannover/ www.cartoon-concept.de: 77 u.; Liechtenstern, Theodor Freiherr von: Atlas zur Erd- und Staatenkunde, Berlin 1839 (Sammlung Dr. Peter Kleinheinz): 14 u., 14/15 M.; Mauritius, Mittenwald: (ACE) 100/01 o., (Manfred Mehling) 108 l., (Vidler) 115 r.; Mertins, Prof. Dr. Günter: 117 o.; m-real Biberist, Schweiz: 46, 47; Niedersächsisches Landesarchiv-Staatsarchiv Stade: 11 u.; NOOA, USA: 112/113 o.; photoplexus, Dortmund (Einar Bangsund): 132/33 M.; picture-alliance/dpa, Frankfurt/M.: 72 l., (Vos/ANP) 97 r., (Goettert) 107 u.; Schlimm, Reinhold, Braunschweig: 135; Seydlitz, E. von: Geographie. Ausgabe B, Breslau 1908: 26, 27; Stöwer, Willy: 55 r.; Sydow, Emil: Schul-Atlas in 42 Karten, Gotha 1866 (Sammlung Dr. Peter Kleinheinz): 12/13 o., 13 u.; ullstein bild, Berlin: (dpa) 84 u., (Granger Collection) 106 u.; Wickert, Jo, Konstanz: 76 l., r.; Familie Dierck Willemer, Eystrup: 1, 10 Klappe, 10 u., o.; Zahn, Dr. Ulf: 88 u.. Alle übrigen Abbildungen und Karten: Westermann Unternehmensarchiv und Westermann-Kartographie, Braunschweig. In wenigen Fällen war es nicht möglich, den Inhaber der Bildrechte ausfindig zu machen und um Abdruckgenehmigung zu bitten. Berechtigte Ansprüche werden selbstverständlich im Rahmen der üblichen Konditionen abgegolten.

Impressum

© 2008 Bildungshaus Schulbuchverlage
Westermann Schroedel Diesterweg Schöningh Winklers GmbH, Braunschweig
www.westermann.de

Das Werk und seine Teile sind urheberrechtlich geschützt.
Jede Nutzung in anderen als den gesetzlich zugelassenen Fällen bedarf der vorherigen schriftlichen Einwilligung des Verlages.
Hinweis zu § 52 a UrhG: Weder das Werk noch seine Teile dürfen ohne eine solche Einwilligung gescannt und in ein Netzwerk gestellt werden.
Dies gilt auch für Intranets an Schulen und sonstigen Bildungseinrichtungen.

Texte und Bildauswahl:
Dietmar Falk, Wiebke Gehring, Verena Kleinschmidt, Thomas Michael, Björn Richter, Reinhold Schlimm

Herstellung, Layout und Typographie:
Anette Elsner, Bremen

Druck und Bindung:
westermann druck GmbH, Braunschweig

ISBN 978-3-14-**100705**-3